中华精神家园

西部沃土

人类敦煌

敦煌文化特色与形态

肖东发 主编 高宇飞 编著

中国出版集团

现代出版社

图书在版编目（CIP）数据

人类敦煌：敦煌文化特色与形态 / 高宇飞编著. — 北京：现代出版社，2014.9（2019.1重印）
ISBN 978-7-5143-2522-5

Ⅰ. ①人… Ⅱ. ①高… Ⅲ. ①敦煌石窟－介绍 Ⅳ. ①K879.21

中国版本图书馆CIP数据核字（2014）第217374号

人类敦煌：敦煌文化特色与形态

主　　编：肖东发
作　　者：高宇飞
责任编辑：王敬一
出版发行：现代出版社
通信地址：北京市定安门外安华里504号
邮政编码：100011
电　　话：010-64267325 64245264（传真）
网　　址：www.1980xd.com
电子邮箱：xiandai@cnpitc.com.cn
印　　刷：三河市华晨印务有限公司
开　　本：710mm×1000mm　1/16
印　　张：10
版　　次：2015年4月第1版　2021年3月第4次印刷
书　　号：ISBN 978-7-5143-2522-5
定　　价：29.80元

党的十八大报告指出："文化是民族的血脉，是人民的精神家园。全面建成小康社会，实现中华民族伟大复兴，必须推动社会主义文化大发展大繁荣，兴起社会主义文化建设新高潮，提高国家文化软实力，发挥文化引领风尚、教育人民、服务社会、推动发展的作用。"

我国经过改革开放的历程，推进了民族振兴、国家富强、人民幸福的中国梦，推进了伟大复兴的历史进程。文化是立国之根，实现中国梦也是我国文化实现伟大复兴的过程，并最终体现为文化的发展繁荣。习近平指出，博大精深的中国优秀传统文化是我们在世界文化激荡中站稳脚跟的根基。中华文化源远流长，积淀着中华民族最深层的精神追求，代表着中华民族独特的精神标识，为中华民族生生不息、发展壮大提供了丰厚滋养。我们要认识中华文化的独特创造、价值理念、鲜明特色，增强文化自信和价值自信。

如今，我们正处在改革开放攻坚和经济发展的转型时期，面对世界各国形形色色的文化现象，面对各种眼花缭乱的现代传媒，我们要坚持文化自信，古为今用、洋为中用、推陈出新，有鉴别地加以对待，有扬弃地予以继承，传承和升华中华优秀传统文化，发展中国特色社会主义文化，增强国家文化软实力。

浩浩历史长河，熊熊文明薪火，中华文化源远流长，滚滚黄河、滔滔长江，是最直接的源头，这两大文化浪涛经过千百年冲刷洗礼和不断交流、融合以及沉淀，最终形成了求同存异、兼收并蓄的辉煌灿烂的中华文明，也是世界上唯一绵延不绝而从没中断的古老文化，并始终充满了生机与活力。

中华文化曾是东方文化摇篮，也是推动世界文明不断前行的动力之一。早在500年前，中华文化的四大发明催生了欧洲文艺复兴运动和地理大发现。中国四大发明先后传到西方，对于促进西方工业社会的形成和发展，曾起到了重要作用。

　　中华文化的力量，已经深深熔铸到我们的生命力、创造力和凝聚力中，是我们民族的基因。中华民族的精神，也已深深植根于绵延数千年的优秀文化传统之中，是我们的精神家园。

　　总之，中华文化博大精深，是中国各族人民五千年来创造、传承下来的物质文明和精神文明的总和，其内容包罗万象，浩若星汉，具有很强的文化纵深，蕴含丰富宝藏。我们要实现中华文化伟大复兴，首先要站在传统文化前沿，薪火相传，一脉相承，弘扬和发展五千年来优秀的、光明的、先进的、科学的、文明的和自豪的文化现象，融合古今中外一切文化精华，构建具有中国特色的现代民族文化，向世界和未来展示中华民族的文化力量、文化价值、文化形态与文化风采。

　　为此，在有关专家指导下，我们收集整理了大量古今资料和最新研究成果，特别编撰了本套大型书系。主要包括独具特色的语言文字、浩如烟海的文化典籍、名扬世界的科技工艺、异彩纷呈的文学艺术、充满智慧的中国哲学、完备而深刻的伦理道德、古风古韵的建筑遗存、深具内涵的自然名胜、悠久传承的历史文明，还有各具特色又相互交融的地域文化和民族文化等，充分显示了中华民族的厚重文化底蕴和强大民族凝聚力，具有极强的系统性、广博性和规模性。

　　本套书系的特点是全景展现，纵横捭阖，内容采取讲故事的方式进行叙述，语言通俗，明白晓畅，图文并茂，形象直观，古风古韵，格调高雅，具有很强的可读性、欣赏性、知识性和延伸性，能够让广大读者全面接触和感受中国文化的丰富内涵，增强中华儿女民族自尊心和文化自豪感，并能很好继承和弘扬中国文化，创造未来中国特色的先进民族文化。

2014年4月18日

丝路明珠——敦煌历史

艺术宝库——敦煌石窟

佛教画廊——敦煌壁画

文献瑰宝——敦煌遗书

敦煌历史

　　在广袤的西北大地上，介于青藏高原北部边缘的祁连山脉与内蒙古高原南缘的走廊北山之间，绵亘着一条由东南向西北的长达千余公里的形似走廊的地带，这就是著名的河西走廊。河西走廊的最西端镶嵌着一块状如翡翠的绿洲，这即是被誉为"丝路明珠"的敦煌。

　　敦煌有着悠久的历史和灿烂的文化。敦煌从春秋战国时期开始繁衍壮大，至隋唐时达到极盛。历经沧桑的敦煌，曾几度盛衰，步履蹒跚地走过了近5000年漫长曲折的历程。悠久的历史孕育了敦煌灿烂的古代文化，使得敦煌永远辉煌。

河西走廊的丝路重镇

　　敦煌是河西走廊的要镇，历史悠久。早在原始社会末期，三苗人在与中原部落的战争中失败，然后迁徙到敦煌一带，在这里繁衍生息。他们以狩猎为生，并逐渐掌握了原始的农业生产技术。

张骞在西域蜡像

■ 张骞西行图

在夏、商、周时期，敦煌属古瓜州的范围。古瓜州即现在的甘肃酒泉一带，当时的羌戎族人在此地生活，他们就是三苗的后裔。

到了战国初期，敦煌一带还居住着大月氏、乌孙人和塞族人。后来，大月氏逐渐强盛起来，兼并了原来的羌戎族，到战国末期，大月氏人又赶走了乌孙人、塞族人，独占了敦煌，直至秦末汉初。

西汉初年，匈奴人入侵河西走廊一带，两次挫败大月氏，迫使大月氏人向西迁徙到锡尔河、阿姆河两河流域，整个河西走廊包括敦煌在内被匈奴占领了。

雄才大略的汉武帝继位后，采取了武力防御和主动进攻两者兼用的战略部署，一边派遣使者张骞联络大月氏、乌孙夹击匈奴，一边派霍去病率军北征，攻伐匈奴。

公元前139年，张骞带领100多人出发前去西域。

乌孙 我国汉代连接东西方草原交通的最重要民族之一，乌孙的首领称为"昆莫"或"昆弥"。公元前2世纪初期，乌孙与月氏均在今甘肃境内敦煌至祁连间游牧，北邻匈奴。乌孙王难兜靡的儿子猎骄靡在西域建立的"行国"，也就是游牧的国家，位于巴尔喀什湖东南、伊犁河流域。

在经过为匈奴所占据的河西走廊时，遭到匈奴攻击，张骞被俘。

在被匈奴羁留的10多年中，张骞始终不忘自己的使命，一直寻找机会逃脱。后来，他终于摆脱了匈奴的控制，趁机逃走，带着一行人继续西进。

张骞到达伊犁河流域后，方知大月氏早已在乌孙的打击下又迁往妫水流域，那里的自然条件优越，故大月氏已无意再迁回河西故地。

张骞联合大月氏夹击匈奴无望，只好带着遗憾，踏上了返回汉都长安的归程。就在他历经艰辛回到长安时，西汉王朝也已经开始了对匈奴的大规模战争。

张骞的这次西行，对西域的历史、地理、物产和各民族的风俗习惯都有较详细的了解。为下一步打通西域掌握了有利的情况。

■ 张骞往西域壁画

公元前121年春天，汉武帝派骠骑将军霍去病率大军击败匈奴的浑邪王和休屠王，将河西地区归入大汉版图。这是汉王朝对匈奴的一次重大胜利。

同年，西汉政府在河西设置了酒泉郡和武威郡，并采用设防、屯垦、移民等措施，不断充实、加强建设河西。

公元前119年，汉武帝派张骞再次去西域，此行的目的，一是招回与匈奴有矛盾的乌孙东归故地，以断匈奴右臂，并联络乌孙共同抗击匈奴；二是宣扬国威，劝说西域诸地与朝廷联合。

由于这时的河西已经为汉朝的属地，张骞一行顺利到达乌孙。但此时的乌孙内部发生分裂，张骞此次未能实现同乌孙联盟共同攻打匈奴的目的，但乌孙表示愿意与朝廷建立密切的关系。

汉武帝 （前156年—前87年），刘彻，西汉的第7位皇帝，杰出的政治家、战略家、诗人。在位期间，开疆拓土，击溃匈奴，东并朝鲜，南诛百越，西愈葱岭，征服大宛，奠定了中华疆域版图，而且首开"丝绸之路"、首创年号，兴太学，缔造了汉武盛世。

丝路明珠

敦煌历史

■ 张骞归来壁画

丝绸之路 一条东方与西方之间经济、政治、文化进行交流的主要道路。它最初的作用是运输古代出产的丝绸。因此被命名为"丝绸之路"。它跨越陇山山脉，穿过河西走廊，通过玉门关和阳关，抵达新疆，沿绿洲和帕米尔高原通过中亚、西亚和北非，最终抵达非洲和欧洲。

张骞在乌孙时，还派人前往大宛、康居、大月氏、安息、身毒等地进行活动，以扩大朝廷的政治影响，增强相互间的了解。张骞返回汉地时，乌孙王昆弥派遣数十名亲信大臣带着几十匹著名的乌孙马为礼物，到长安向朝廷致谢。

张骞前后两次去往西域，行程万余里，历时近20年，为"丝绸之路"的开通和繁荣做出了重大贡献。

据《汉书》和《史记》的记载，汉代"丝绸之路"从长安出发，经陇西、穿过河西走廊，到达中西交通的咽喉之地敦煌。又从敦煌分为南北两路：南路由敦煌西南行，出阳关，沿南山北麓，经鄯善、且末、精绝、于阗、沙车到疏勒，然后越过葱岭，向南可达大月氏、身毒等地；北路由敦煌西行，出玉门关到车师前王庭，又沿天山南麓西行，经焉耆、龟兹、姑墨抵达疏勒，越过葱岭可达大宛、康居等。

由此可见，无论是南路还是北路，敦煌均为"丝绸之路"所必经的枢纽之地。

公元前111年，西汉政府将酒泉、武威两郡分别拆置敦煌、张掖两郡，又从令居即今永登经敦煌直至盐泽即今罗布泊修筑了长城和烽燧，并设置了阳关、玉门关，保证了"丝绸之路"的畅通。

"丝绸之路"从敦煌分出的南北两道，是汉代中西经济与文化交流的大动脉。经过这两条道路，西汉政府把内地的丝织品、铁器、竹器、漆器、陶器及先进的生产技术传入西方。同时，西方的葡萄、苜蓿、胡麻等物产，以及音乐、绘画、宗教也随之传入我国。

随着酒泉郡、武威郡、敦煌郡、张掖郡的设立与"丝绸之路"的日益繁荣，河西地区以其重要的战略位置与其在中西交通中的地位，成为西汉王朝西行的前进基地，而地处河西走廊之要冲的敦煌，也随之发展成为中西交通的重镇。

当时的敦煌郡疆域辽阔，西至龙勒阳关，东到渊泉即今玉门市以西，北达伊吾即今哈密市，南连西羌即今青海柴达木。统管敦煌、冥安、效谷、渊泉、广至、龙勒6个县。

敦煌自西汉设郡到西晋末期的数百年间，"丝绸之路"虽几通几绝，但敦煌郡日渐呈现出繁荣昌盛的景象，并逐步发展成为西北军政中心和文化商业重地，成为"华戎所交大都会"。

阅读链接

三苗居敦煌之说始于《尚书》，书中追记我国传说中的尧、舜时代，舜曾经"窜三苗于三危"。这里的"三危"指的是三危山。据北魏郦道元的《水经注》记载："三危山在敦煌县南。"根据这些历史资料，现代的敦煌学专家们在谈到敦煌的历史时，多认同《尚书》记载的"三危"就是今天敦煌县的三危山。

三苗原来主要分布在洞庭湖和鄱阳湖之间。"窜三苗于三危"说的是舜帝打败叛乱的三苗，然后分而治之，将三苗族的一部分反叛成员强制迁徙到今疏勒河、党河流域，以河西走廊茫茫的沙漠和中原隔离，让他们去受甘青一带固有少数民族的文化影响而"以变西戎"。由此可见敦煌的历史悠久。

魏晋北朝时期的敦煌

　　魏晋时期的敦煌，各个政权都对其加强了管理力度。曹魏太和元年，也就是227年，仓慈调任敦煌太守。仓慈清正廉明、治理有方，采取了一系列措施，促进了敦煌商业与社会生产的发展。

　　仓慈首先面对"旧大族田地有余，而小民无立锥之土"的状况，采取"随口割赋"的办法，将大户多余的田地按人口分给无地或少地

北魏敦煌莫高窟天宫伎乐壁画

■ 北魏敦煌莫高窟
天宫伎乐壁画

的农民，赋税则按田亩和人口分摊，这就减轻了贫困
人民的负担。

其次，仓慈到任后，将各县衙门积压的案件一一
查究处理，宽严相济，严禁滥刑，使社会风气得到好
转。同时仓慈以民族平等的态度，保护和鼓励外来人
来敦煌经商，对过往客商给予优待，并公平市价，这
样又促进了敦煌商业的发展。

曹魏嘉平元年，也就是249年，皇甫隆继任敦煌
太守。他在敦煌改进和推广中原先进的耕作技术和生
产工具，并一改往日敦煌沿用的漫灌落后灌溉方式，
推行分畦灌溉的"衍溉法"，结果减轻了劳动强度，
又使得粮食产量大大增加。

西晋初年，东吴降将吾彦出任敦煌太守。吾彦在
任期间躬耕力行，劝民生产，促进了敦煌农业经济的
继续繁荣。十六国时期，敦煌先后归属前凉、前秦、

太守 原为战国时代郡守的尊称。西汉景帝时，郡守改称太守，为一郡最高的行政长官。历代沿置。南北朝时，新增州渐多。郡之辖境缩小，郡守的权力为州刺史所夺，州郡区别不大，至隋初存州废郡，以州刺史代郡守之任。此后太守不再是正式官名，仅用作刺史或知府的别称。

■ 北魏敦煌莫高窟
菩萨壁画

十六国 五胡十六国的简称，是我国历史上的一段时期。该时期自304年至439年止。在入主中原众多民族中，以匈奴、羯、鲜卑、羌及氐为主，统称五胡。他们在这个范围内相继建立许多国家，而北魏史学家崔鸿以其中16个国家撰写了《十六国春秋》，于是后世史学家便称这一时期为"五胡十六国"。

后凉、西凉和北凉5个政权统辖。

东晋咸康元年，也就是335年，前凉张骏将敦煌、晋昌、高昌三郡与西域都护、戊己校尉、玉门大护军三营设置为沙州，治所设在敦煌，以西胡校尉杨宣为刺史，"沙州"之名始于此。

前凉在敦煌发展农业，兴修水利，兴办学校，促进了敦煌经济与文化事业的发展。其中后来敦煌遗书中记载的有名的阳开渠、阴安渠、北府渠等水渠，就是在此时开凿的。

400年，陇西人李暠据敦煌称王，建立西凉国。敦煌有史以来第一次成为国都，成为我国北部的文化中心。此时的敦煌其农业、教育与文化等事业又有所发展。

北魏接管敦煌后，因其重要的战略位置，遂设敦煌镇，统领酒泉军、张掖军、晋昌戍、乐涫戍等，其管辖范围扩大至河西走廊的中西部，敦煌于是再度成为河西重要的政治、军事中心之一。

北魏正光五年，即524年，北魏孝明帝下诏改镇为州，敦煌因盛产美瓜而取名"瓜州"，领敦煌、酒泉、玉门、常乐、会稽5郡，治所设在敦煌。

北魏孝昌元年，即525年，北魏派明元帝四世孙元荣出任瓜州刺史。529年，又封元荣为东阳王，至西魏初期，元荣仍以宗室王的身份留任瓜州刺史。

元荣任职北魏、西魏两代，为时近20年，他治理敦煌期间，重视发展经济，并大修佛窟，施舍资财大量抄写佛经，掀起了莫高窟建窟的高潮。

北周取代西魏后，继续在敦煌设瓜州，并任命建平公于义继任瓜州刺史。于义和东阳王元荣一样，也信奉佛教，他在任期间，也大力扶持佛窟开凿。

刺史 我国古代职官名，汉武帝于公元前106年始置，当时的"刺"，检核问事之意，有监察之意。刺史巡行郡县，分全国为十三州，各置部刺史一人，后通称刺史。刺史制度在西汉中后期得到进一步发展，对维护皇权，澄清吏治，起到了积极的作用。

011

丝路明珠

敦煌历史

■ 北魏敦煌莫高窟
西王母壁画

■ 西魏敦煌莫高窟
天宫伎乐壁画

法显（334年—420年），东晋僧人，我国佛教史上的一位名僧，卓越的佛教革新人物，是我国第一位到海外取经求法的大师，杰出的旅行家和翻译家。佛教从印度传入我国，到了法显时代达到了一个关键时刻，从过去的基本上是送进来的阶段向拿进来的阶段转变。

正是在东阳王元荣、建平公于义等的带动下，敦煌的佛事从此日益兴盛起来。

佛教自汉魏时期传入我国后，在敦煌达到空前兴盛，饱受战争之苦的百姓拜倒在佛的脚下，企望解脱苦难，过上幸福和安定的生活。因此，敦煌是佛教东传的通道和门户，也是河西地区的佛教中心。

十六国时，河西地区佛教的译经与讲经、石窟寺的开凿均兴盛起来。被称为"敦煌菩萨"的竺法护，世居敦煌，通晓多种语言，在敦煌组织了自己的译场。《开元录》载其共译经175部354卷。

竺法护的弟子竺法乘，承其师之衣钵，亦在敦煌建立寺院，广收门徒，宣扬佛法。

《高僧传》称赞他道：

立寺延学，忘身为道，诲而不倦，使夫

豺狼革心戎狄知礼。大化西行乘之力也。

在当时，有一大批佛学高僧在敦煌讲经说法，河西各地的佛门弟子很多来此地研经习学。我国佛教史上的著名佛学大师如法显、鸠摩罗什等，无论东进还是西去，都曾在敦煌留下了他们的足迹。

河西佛教的兴盛除了译经、说法上有所成就外，还体现在石窟寺的大量建造上。河西地区的许多石窟寺大都始建于十六国时期，莫高窟就是在前秦时开凿的。

北朝时期，敦煌石窟与寺塔继续得到兴建。《魏书·释老志》记载："敦煌地接西域，道俗交得其旧式，村坞相属，多有塔寺。"从这个记载中，可窥见敦煌石窟寺修建及其兴盛。

北魏后期至西魏，元荣任瓜州刺史期间大兴佛事，掀起了造窟高潮。北周瓜州刺史建平公于义，也进行了大规模的开窟造像活动。所有这些兴盛佛事的活动，都为敦煌以后成为佛教重地奠定了坚强有力的基础。

阅读链接

竺法乘是我国佛教初期最伟大的译经家竺法护的弟子。他先随师父竺法护来到长安，后来又返回敦煌，在敦煌建立寺院，广收门徒，宣讲佛法，为我国佛教的传播和发展做出了重要贡献。

竺法乘在敦煌的传教有着重大的意义。他建立了寺院，使敦煌的僧俗信徒有了固定的活动场所，这就为敦煌佛教的延续与扩大影响提供了基本条件。同时，他的弘法活动不仅扩大了敦煌的佛教队伍，也加深了佛教对敦煌一般民众的影响，这就为敦煌后来成为佛教圣地奠定了良好的基础。

隋唐盛世时期的敦煌

　　隋朝的建立，结束了西晋以来300余年的分裂局面，完成了统一全国的大业。统一王朝的建立，为敦煌的发展提供了新的历史机遇。

　　隋文帝杨坚收复河西时，相继平息了突厥、吐谷浑的侵扰，保证了丝绸之路的畅通与繁荣，同时他将北周以来的鸣沙县改为敦煌县。

隋文帝画像

　　隋文帝平定了南方割据政权后，将大批南朝贵族连同其部族远徙敦煌充边，这给敦煌带来了南方的文化和习俗。

　　这样，南北汉文化在敦煌融为一体，使敦煌的地方文化更加富有明显的特色。

　　隋炀帝杨广时期，隋炀

帝派遣吏部侍郎裴矩到张掖、敦煌一带了解"丝绸之路"以及中西通商和贸易情况。

■唐代敦煌莫高窟佛教说法图壁画

609年,隋炀帝亲自出巡张掖,在张掖召见各地使者,《隋书·裴矩传》载,使者们佩兰玉,被锦罽,焚香奏,尽情歌舞,当地百姓也都盛装观看,人群长达数十里。隋炀帝还在张掖举行了盛大的商品交易会,交易会人来人往,人们摩肩接踵,充分显示了隋王朝的强盛和河西走廊及敦煌地区的繁荣。

隋末唐初,一度衰弱的突厥又强大了起来,多次侵扰河西。629年,唐朝廷派李勣、李靖等率军出击突厥,经过几个战役,于翌年取得决定性胜利,擒获了东突厥的颉利可汗,此后,免除了东突厥对河西和唐朝北部地区的干扰。

635年,唐太宗李世民又派大将李靖、李道宗等,分兵出击吐谷浑,从而又解除了吐谷浑对河西

吐谷浑 我国古代鲜卑慕容的一支,原为人名,4世纪初,慕容廆继为单于,与慕容吐谷浑不和,吐谷浑遂率所部西迁上陇,以此为据点,侵逼氐羌,成为强部。至吐谷浑孙子时,由人名转为姓氏和族名。后被唐王朝征服。五代时期开始归辽国治下。后世与各民族融合。

■ 唐代敦煌莫高窟
佛像

张籍（约767年—约830年），字文昌，世称"张水部""张司业"。晚唐著名诗人。他的五律，不事藻饰，不假雕琢，于平易流畅之中见委婉深挚之致，对晚唐五律影响较大。张籍擅长写乐府诗，著名诗篇有《塞下曲》《征妇怨》《江南曲》等。

的威胁，后来，又将安西都护府从高昌迁至龟兹，下辖龟兹、于阗、焉耆、疏勒4个镇，称为"安西四镇"。安西四镇的设立对于维护丝绸之路的通畅具有重大意义，而且还起着屏蔽敦煌与整个河西安全的重要作用。

唐王朝出于政局的需要，在唐前期的100多年中，政府一直对敦煌的治理和经营十分重视，采取了一些切实可行的重要措施。这些重要措施的实行，使唐王朝在敦煌与河西地区的统治得到了巩固，经济也走向繁荣，到了唐开元、天宝年间达到了鼎盛时期。

政局的稳定，经济的繁荣，为中西友好往来和经济文化交流的进一步发展提供了条件，唐代前期敦煌发展成了名副其实的国际商贸都会之一。

在敦煌市场上，既有不少内地客商，也有许多来自东罗马帝国、阿拉伯、波斯、中亚及印度半岛诸国的商人。中原的丝绸、瓷器、茶叶、汉文典籍等，随着一队队骆驼通过敦煌源源不断地输往西方，而西方的珍禽异兽、珠宝香料、玻璃器皿、金银货币以及宗教、文化艺术等，也经由敦煌纷纷传入内地。

唐代诗人张籍在《凉州词》诗中生动地描写了当年运载丝绸等货物的骆驼商队不畏艰险，日夜兼程，在驼铃声中经过敦煌前行的情景。其中一首《凉州词》写道：

边城暮雨雁飞低，芦笋初生渐欲齐。

无数铃声遥过碛，应驮白练到安西。

凤林关里水东流，白草黄榆六十秋。

边将皆承主恩泽，无人解道取凉州。

■ 唐代敦煌莫高窟迦叶菩萨造像

唐代前期，敦煌的文化教育事业发展很快，敦煌汇聚了东西方各种不同体系的文化，各种思想、宗教流派在河西融合发展起来，呈现出竞相发展的盛况。就宗教情况来说，当时除传统的佛教、道教香火旺盛外，外来的摩尼教、景教等，同样拥有众多的信众。敦煌的学校教育，既有官办的州学、县学、医学等，又有寺院举办的寺学和私人办的私塾，

■ 唐代敦煌莫高窟
佛龛塑像

武则天 （624
年—705年），即
武曌，我国历史
上唯一的正统的
女皇帝。曾是唐
太宗的才人，唐
太宗驾崩后，武
则天在感业寺落
发为尼，高宗登
位后诏入后宫，
册为皇后，尊号
为天后，后自立
为皇帝，定洛阳
为都，改称神
都，建立武周王
朝。705年正月，
唐中宗复辟，恢
复唐朝。

兴盛一时。

与隋唐社会经济发展繁荣相同，隋唐时期敦煌的佛教艺术也呈现出一派繁荣景象。

隋王朝建立后，崇信佛教的隋文帝曾几次下诏各州建造舍利塔，诏命远至敦煌。在最高执政者的大力提倡和扶持下，隋代佛教发展迅速，敦煌再次出现了开窟造像的高潮。

隋代虽存在只有短短的37年，但在莫高窟开窟竟有90多个，而且规模宏大，壁画和彩塑技艺精湛，同时并存着南北两种截然不同的艺术风格。

唐代前期是敦煌艺术发展的全盛时期。在历代帝王和世家大族的倡导下，敦煌佛教盛极一时，佛教信仰在隋代发展的基础上更加广泛地深入民间。

此外，隋唐时期敦煌佛寺的兴建十分活跃，著名的大云寺、灵图寺、灵修寺、开元寺、龙兴寺、报恩寺都是在这一时期兴建的。

唐代佛教洞窟形制以殿堂窟为主，巨型佛像出现，如武则天时的695年修造的第96窟的"北大像"，高达33米；唐玄宗时的721年修造的第130窟"南大像"，高26米。塑像技艺进一步提高，所有塑像都采用圆塑形式，以一佛二弟子、二菩萨、二天王或再加上二力士的七身一铺或九身一铺的群像为主要形式。

造像写实风格突出，产生了一大批秀丽典雅的塑像，如328窟的胁侍菩萨，头部向右略微倾斜，面带微笑，全身重心落在一只脚上。整个身躯弯曲有致，妩媚动人。

壁画更是取得了前所未有的辉煌，其内容丰富，场面宏伟，色彩瑰丽，经变画成为主流，书画"六法"之一的"骨法用笔"中的线描成为经变画的主要技术手法。

随着唐前期中外友好往来和文化交流的日益扩大，东来弘道和西行求法途经敦煌的僧人增多，敦煌的佛教继续受到印度等地佛教的影响。敦煌佛教正是在唐前期社会经济空前发展，政治力量空前强大，又不断受到内地和印度影响的条件下，达到了鼎盛时期。

阅读链接

敦煌的繁荣兴盛，是与中西交通的发展密切相关的。隋代以前，中西交通的路线只有南北两道。隋代时又增加了一道，即北道，也叫新北道，中道就是汉代的北道，还有南道，共3条。这3条通往西方的路都发自敦煌，所以说敦煌是"丝绸之路"的咽喉要地，这就十分清楚地说明了敦煌在中西交通中的重要地位和枢纽作用。

隋唐王朝打通了"丝绸之路"后，有力地促进了我国和西亚乃至欧洲各国的经济文化交流和友好关系。

夏元明清时期的敦煌

■北宋敦煌莫高窟坐佛造像

五代至宋初，居于河陇地区的党项族崛起，并不断向敦煌所在的河西地区渗透。党项族主要以畜牧业为生，隋唐以来游牧于陕、甘、宁、青一带。

在此前的唐代末年，党项族首领拓跋思恭被封为定难节度使，赐姓李氏，子孙世袭，拥有今陕北与内蒙古交界的银州、夏州、绥州、宥州4州之地。他们子孙相承，五代时与中原王朝保持朝贡关系。

宋太宗时的982年，继任的定难节度使的族弟李继迁与契丹执

政者勾结起来，开始不服从宋王朝的管理。

■莫高窟造像

1002年，李继迁率军攻陷灵州，1028年又攻陷凉州，势力日盛。

1032年，李元昊继任定难节度使，积极谋划夺取河西。1036年，李元昊亲自领兵西征，一举攻陷肃、瓜、沙三州，称霸河西，于1038年建立了西夏王朝。于是，在当时形成了宋、辽、西夏三足鼎立的局面。

西夏占据河西后，结束了这里政权林立、战乱不断的局面，客观上为河西生产的恢复和发展提供了相对安定的政治环境，并且河西还成为西夏与各政权交战中供给前方、镇抚内部的大后方，具有重要的战略地位。

西夏政权采取了一系列措施发展敦煌、河西经济。这一系列措施的实施，促进了河西、敦煌的经济发展，其农业、畜牧业均得到了一定程度的发展。

铁木真（1162年—1227年），即闻名于世的"成吉思汗"，蒙古帝国奠基者。最大功绩就是统一蒙古，为蒙古民族的生存与进一步发展做出了卓越的贡献。1206年春天建国称帝（汗），此后多次发动对外征服战争，征服地域西达中亚、东欧的黑海海滨。元代追尊庙号为太祖。

人类敦煌

敦煌文化特色与形态

■敦煌莫高窟元代比
丘壁画

洪武 明代第一个
年号，时间起止
为1368年到1398
年，当时在大位
的为开国皇帝明
太祖朱元璋。洪
武年间实行了
较开明的经济政
策，鼓励生产发
展，在一定程度
上提高了底层民
众的地位，人口
迅速增加，经济
快速发展，史称
"洪武之治"。

在西夏管理敦煌的100多年间，由于重视经济发展，使敦煌保持着汉代以来"民物富庶，与中原不殊"的水平。

同时，西夏执政者崇信佛教，也不排斥汉文化，在文化艺术方面也有大的发展。在西夏执政者的提倡下，佛家广建寺院，大开洞窟，贮存经藏，延请各族僧人演绎经文。作为佛教圣地的敦煌莫高窟、榆林窟等进入了又一次兴建的小高潮。

1206年，元太祖铁木真统一漠北各部族，成立了强大的部落联盟。1227年，蒙古大军攻克沙州等地，河西地区归元王朝所有。此后，敦煌为沙州路，隶属甘肃行中书省，后为沙州总管府。

对于新兴的元王朝来说，河西走廊既是其在军事上控扼西北诸蒙古宗王的前沿阵地，又是在政治上、经济上与中亚诸蒙古汗国加强联系的交通要道，具有十分重要的战略地位，因而，元代对河西地区的开发经营也颇为重视。

元政府通过移民、安辑流亡人员等措施，使敦煌、河西的劳动力资源不断增加。这就解决了劳动力的问题。在此期间，还在河西地区普遍设立了河渠司，专管渠道的开凿、疏浚和行水、配水等事宜，随着渠道的修复和兴建，瓜州、沙州等州境内的水田发展起来。

经过对敦煌、河西地区的一系列兴农措施，农业开发取得了较显著的疗效，生产的粮食自供有余。

这一时期，敦煌的佛教仍然盛行，莫高窟和榆林窟也再一次得到兴建。元代洞窟中最具特色和引人入目的是西藏式密教艺术，其密宗壁画既有西夏传下来的汉密系统，又有风格迥异的金刚藏密画派作品。

到了明代洪武年间的1372年，征西将军冯胜攻取

乾隆（1736年—1799年），是爱新觉罗·弘历的年号，爱新觉罗·弘历是清代第六位皇帝。在位期间，巩固多民族国家的发展，6次下江南，文治武功兼修，当时文化、经济、手工业比较繁荣。

■敦煌莫高窟壁画

敦煌莫高窟造像

兰州、永昌、瓜州即沙洲等地，敦煌、河西遂为明朝所有。

在明代的两百多年中，祖居敦煌的汉族人口纷纷内迁，占据此地的主要是以游牧业为主的少数民族。

清代雍正年间，敦煌重新得到开发，至1729年，已开发良田12万多亩，敦煌又恢复了以农耕为主的生产方式。与之同时，敦煌的汉文化、学校教育等亦得到了逐步恢复。清乾隆时的1760年，改沙洲卫为敦煌县。

敦煌曾经在元代以后孤悬关外，莫高窟没有得到营建，长期陷入无人管理的境地，佛窟、佛像也遭到了不同程度的破坏。清代虽然一度补修过部分洞窟，但由于技艺不够，因此没有在原有的艺术成果上增添新的光彩。

阅读链接

敦煌、河西在西夏管理时期得到了发展，但发展程度又是较为有限的，虽然西夏执政者把河西放在一个比较重要的位置上来加以经营，但这种经营的政治、军事控制色彩比较浓厚，而在经济方面的经营则比较贫乏。

因此，西夏时期，敦煌、河西的农牧业开发和经济发展与汉唐盛世时的河西以及两宋时期的内地相比差了一筹。而且，由于历史及其他方面的原因，河西地区与中原内地的差距渐次拉大。

敦煌石窟

敦煌文化丰富浑厚，它在不同的历史时期展现出不同的文化内涵和艺术风格。在敦煌众多的艺术形式中，敦煌石窟艺术可以说独树一帜，取得了非常辉煌灿烂的成就。

敦煌石窟众多，有莫高窟、榆林窟、西千佛洞、东千佛洞、肃北5处，其中以莫高窟的规模最大，艺术水准和艺术价值最高。这些石窟艺术品类众多，含壁画、彩塑、石窟建筑、纸本画、墓画等，内容十分丰富，数量极其巨大，具有无可替代的重大意义。

北凉北魏开凿的洞窟

敦煌的莫高窟，俗称千佛洞，位于甘肃敦煌东南25千米的鸣沙山东麓断崖处，坐落在鸣沙山和三危山的怀抱中，坐西向东，南北长约1600多米，上下排列5层，高低错落有致，鳞次栉比，壮观异常。它是我国现存规模最大，保存最完好，内容最丰富的古典文化艺术宝库，也是举世闻名的佛教艺术中心。

莫高窟远景图

莫高窟始建于十六国的前秦时期。前秦建元年间的366年，有一个叫乐僔的和尚，杖锡云游到了敦煌三危山下，黄昏到来的时候，乐僔和尚回顾四面，极目远望，想找个住的地方。

当乐僔和尚向三危山上望去之时，他非常惊讶地看到，落日的金辉洒落在三危山，三危山放出了万道金光，犹如一个个金佛闪动。

乐僔和尚激动万分，虔诚地匍匐于地礼拜再三，决定常住于此，行走化缘，开凿佛窟，以示虔诚。

同年，乐僔和尚依靠化缘在敦煌三危山开凿了第一个佛窟。据《莫高窟佛龛碑》记载：

> 乐僔和尚云游三危山时，忽见金光，状有千佛，遂架空凿岩，造窟一龛。

■敦煌莫高窟千佛洞

乐僔和尚在敦煌开凿了其历史上第一个石窟，从而开创了敦煌璀璨的佛教文化。他是我国敦煌莫高窟的开创者，因而被当地人奉为神明。

有一年春天，风沙向敦煌大地袭来，卷起的沙子漫天飘飞，播种不久的种子在风沙过后已颗粒不见。百姓痛苦地望着田地，老人们眼角湿润了，孩子们站在旁边，呆呆地望着。

正当人们陷入苦恼之时，人群中有一位老者缓缓地说道："前些日子在我们这儿化缘的那个和尚，听说法力无边，我们大伙去请他来做法，求神灵保佑我们吧！"

老者所说的那个化缘的和尚即是乐僔和尚。于是众人三步一叩，来到三危山下乐僔和尚的住处请他作法。乐僔和尚欣然答应，率弟子作了七七四十九天法

艺术宝库

敦煌石窟

前秦（350年—394年），我国历史上的割据政权"十六国"之一。350年氐族人苻洪占据关中，称三秦王。352年苻健称帝，定都长安，国号"秦"。394年被西秦或后秦所灭。前秦之称最早见于《十六国春秋》，后为别于其他以"秦"为国号政权，而袭用之。又以其王室姓苻，故又称为苻秦。

坐禅 音译"禅那"简称"禅"，意为思维修或静虑。佛教修持的主要方法之一，就是跌坐而修禅。修禅也就是修定，修定可以发慧。坐禅，同时也是民间爱好佛学者理疗、治病、修身、养性、养生、悟道的一种修炼方式。

事。自此，当地风调雨顺，五谷丰登。

当地百姓万分感激高僧乐僔和尚，为了纪念他，就在他圆寂之后，把他葬于生前他居住的地方，并建"镇风塔"立碑纪念。从此，此地更名为土塔村。

后来，法良禅师又开凿了第二个洞窟，并称为"漠高窟"，意为"沙漠的高处"。因"漠"与"莫"通用，便改称为"莫高窟"。

继乐僔和尚之后，在莫高窟开凿的洞窟中年代最早的第268窟、第272窟、第275窟，因为建于北凉时期，所以被称为"北凉三窟"。

第268窟位于南区崖面中段三层。洞窟形式属毗诃罗窟，又称禅窟，是主要用于坐禅修行的洞窟。

第268窟为一纵长方形平顶主室，西壁开一圆券形小龛，南北壁各开二对称仅容一人方形平顶小禅室。所附4个小禅室，编号分别为第267窟、第269窟、第270窟和第271窟。

西壁龛内塑佛像一身，交脚而坐，内着僧祇支，身着右袒袈裟，左肩以片衣覆之。佛像头部经后代重修，带有明显的希腊化特征，身体部分为原貌，袈裟紧贴躯体，有薄纱透体之感。

龛外绘供养菩萨，龛柱绘希腊爱奥尼亚式柱头，龛下壁

■ 莫高窟第268窟西壁坐佛像

面绘男女供养人，着汉装和胡汉混合装。主室南北壁绘有飞天、千佛、药叉等。

平顶部分采用浮塑技法，并彩绘莲花、飞天、化生、火焰纹等纹样。壁画以土红色为底色，使用凹凸表现技法，风格朴拙浑厚，手法简练概括。

北凉在421年攻占敦煌之时，敦煌曾遭战火。在此窟正龛中，寄托了当时人期待借助佛教天国安置亡灵的思想。

正龛下部的供养人，似乎借助了佛教特有的升天方式，从莲花中化生到佛的两侧，又继续成为飞天直至在以大莲花为背景的窟顶佛教天国中自由翱翔。

第268窟经隋代重修，主室南北壁有隋绘千佛、飞天等。千佛是佛教壁画中的常见形象，多是绘制大量排列较为规则的小佛像，来表达世界中充满成佛者及众生皆可成佛的思想。

第268窟中隋代所绘的千佛，仍以土红色为底色，与北凉原作的色调一致，而无突兀之感。因天长日久，表面隋代千佛壁画部分剥落，底层又隐约透出北凉时期原来绘制的护法神形象。

主室两侧的4个禅室，内部空间狭小，仅可容一人坐于其中，最初仅以白色粉刷，专用于坐禅，隋代

■ 莫高窟第272窟西壁北凉菩萨壁画

飞天 意为飞舞的天人。飞天在印度佛教中是佛的护法神，传入我国后，人们将其与道教的仙女或天女混淆。所以，飞天慢慢就变成了佛讲法时，在其周围散花或奏乐以营造气氛的仙女。敦煌飞天从艺术形象上说，它不是一种文化的艺术形象，而是多种文化的复合体。

■ 莫高窟牌坊

藻井 我国传统建筑中室内顶棚的独特装饰部分。一般做成向上隆起的井状，有方形、多边形或圆形凹面，周围饰以各种花藻井纹、雕刻和彩绘。多用在宫殿、寺庙中的宝座、佛坛上方最重要部位。敦煌的藻井多达四百余顶，绘制十分精致。

重修时绘制千佛与说法图。

第272窟主室长方形，覆斗顶，西壁中央开龛，龛内塑倚坐佛像一身。主室南北壁画千佛和说法图，西壁龛内外画供养菩萨，姿态各异，扭腰屈腿颇具印度风格。东壁门两侧画千佛。

覆斗顶，又称倒斗顶，此类顶部中心与4个坡面形成的空间，类似于将我国古代盛粮食用的斗倒扣过来，故称覆斗。顶部最中心凹入部分呈方形，被称为藻井，古人迷信，于此处模仿井口，并绘以莲花海藻类水生植物，取以水克火之意。

覆斗顶洞窟内空间宽敞明亮，适于聚众讲经和瞻仰礼拜。因此在石窟修建过程中，从北凉至元代一直被大量采用，是莫高窟中最多见、延续时间最长的一种石窟空间形式。

第272窟顶藻井浮塑莲花火焰飞天图案，4个坡面绘有千佛和飞天等。千佛以白、青、绿等冷色调绘制，五组交替出现，形成极具装饰性的道道色光，表现了佛教的"佛佛相次，光光相接"的意境。

飞天双腿伸展、衣裙飞扬，极具动感。在四壁和窟顶连接处，绘穹窿宫楼，内有天宫伎乐在演奏横笛、琵琶、腰鼓和海螺等乐器。

西壁佛龛两侧的供养菩萨是这一洞窟最大的看点，其布局为佛龛两侧各画4排小菩萨，每排有5身。供养菩萨的称呼，并不是来源于佛教典籍，凡是在故事画、经变画、说法图之外，所画的呈礼佛和供养之状而又没有具体名号的菩萨均称为供养菩萨。

与第272窟相连的是第275窟。甬道接主室，主室纵长方形，盝顶。西壁塑交脚弥勒菩萨一身。

第275窟南北壁上部各开两个阙形龛和一个双树龛，龛内分别塑交脚弥勒和思惟菩萨，塑像体魄强

经变画 是用画像来解释某部佛经的思想内容。经变画中以敦煌经变画最为有名，通常指将某一部甚至某几部有关佛经的主要内容组织成首尾完整、主次分明的大画。莫高窟有经变画33种，经变内容丰富，形式多样，除了佛经内容外，大量的社会生活内容在经变画中得到生动的体现。

艺术宝库

敦煌石窟

■ 莫高窟第272窟北壁飞天和千佛壁画

人类敦煌

敦煌文化特色与形态

健，比例适度，神态自然，恬静超俗。

西壁围绕塑像绘有胁侍菩萨和供养菩萨，画面突出主要人物，构图简洁紧凑，壁下部画男供养人，东壁门两侧画观音变及女供养人，门上画说法图。窟顶四坡为宋画飞天和千佛。北宋年间窟中加一墙，将窟分为前、后两室。

第275窟主尊位于西壁中央，保存基本完好，唯头部略有重妆，双手残损。此塑像高3.34米，头戴化佛三珠宝冠，发披两肩，右手置膝做与愿印，左手已残。颈饰贴花镶宝的项圈及璎珞，上身袒裸，胸挂璎珞，肩披大巾，腰束翻边羊肠大裙，衣褶贴泥条隆起，加阴刻衣纹线。

菩萨面相浑圆而略长，隆鼻直通额际，眉长圆眼，上唇较厚，下唇做半圆状，肩宽胸平，体态健硕，双足相交，身靠三角形靠背，端坐在比较高大的方形双狮座上，神情庄重凝静，威严肃穆，造型概括稳定，比例匀称，色彩明快单纯，手法简朴。其造型风格及坐具、服饰均表现出印度佛教艺术的影响，具有十六国时期造像的显著特点。

南北两壁下部的供养人，具有鲜明的时代特征。建立

■ 莫高窟第275窟北壁上层

北凉政权的沮渠氏，属匈奴后裔，在这些供养人中能看到匈奴人的一些特点。

这些人的服装均着裤褶，是北方少数民族的传统服饰，上自王公贵族，下至军士百姓都穿此种服装。褶为上衣，款式类似现代的短大衣，圆领或交领，对襟或左衽，窄袖。画中男供养人头戴幅巾，上身穿的就是交领窄袖褶衣。

■ 莫高窟第275窟西壁主尊

左衽是北方少数民族的衣服款式，与汉族传统以右衽为习尚不同。所谓"右衽"即衣襟在胸前相交，左襟压右襟，在右腋下挽结。

北方少数民族则相反，是右襟压左襟，在左腋下挽结，故称"左衽"。特别是在队伍最前列的两人，正在吹奏长长的号角，被认为是匈奴族的特征。

北魏灭了北凉并统一了北方后，占据了河西。在这个时期，敦煌比较安定，百姓安居乐业，佛教随之盛行。北魏的人在莫高窟开凿洞窟13窟。

北魏洞窟一般形式是有前室及正室两部分，前室呈横长方形，具有向前向后两面坡的屋顶，椽与椽之间有成排的忍冬花纹装饰，又称为"人字坡图案"。

北魏洞窟的正室呈方形，中央有一中心方柱，中心柱上有佛龛及塑像，四壁都有壁画，窟顶装绘着划分为方格的平棊图案。

忍冬花纹 我国古代寓意纹样，是六朝时期流行的一种植物纹样。忍冬为一种蔓生植物，俗呼"金银花""金银藤"，通称卷草，其花长瓣垂须，黄白相半，因名金银花。凌冬不凋，故有忍冬之称。

人类敦煌

敦煌文化特色与形态

■ 敦煌莫高窟

除了上述第268窟、第272窟、第275窟这"北凉三窟"外,还有继此之后建于北魏时期的第251窟、第254窟、第257窟和第259窟。北魏石窟艺术达到了一个新的高度。

第251窟建于北魏,五代、清代时重修,位于九层楼以北的石窟群中段。窟形为中心塔柱式洞窟,前部"人"字披顶,后部平顶。中心塔柱东向面开一龛,南西北向三面上、下层各开一龛,东壁门上开一明窗。

中心塔柱窟,也称中心方柱窟、塔庙窟,是早期洞窟的典型窟型。它源于印度的"支提式"石窟,在新疆地区、中原北方地区、南方地区、西藏地区的许多石窟寺中均有此类洞窟。

中心塔柱窟的特点是在一个纵向矩形空间中轴线偏后部分建造一方形塔柱,绕柱有通道,柱四面开龛

不等，塑佛及菩萨数身。柱身四周为平顶，柱前宽敞的前堂顶部是两披层顶形式，披面或塑或画出椽子，椽间望板上满绘各种装饰图案。

■ 敦煌莫高窟第251窟中心柱东向面

这种空间形式的作用是宽敞的前堂可供僧侣及信众聚集瞻仰礼拜，后部绕中心柱进行右旋仪式。按其兴衰发展可分4个阶段：北魏至西魏为鼎盛阶段，北周至隋此种形制开始衰落，初、盛唐时更加衰落，数量更少，晚唐时期进入尾声，数量很少。

塔庙窟的宗教意义主要是为了"入塔观像"，随着佛教的世俗化、礼仪的简单化，它失去了原有的功能，终至衰落消失。

第251窟窟内四壁上部为绕窟一周的天宫伎乐，中部是千佛，下部是金刚力士、夜叉，寓意为天、人、地三界，这是早期洞窟内常见的形式。

第251窟上部的天宫中，汉式屋顶建筑和印度圆形穹庐交错排列，前有平台雕栏，天宫内绘舞蹈乐队和放歌的伎乐天。中部千佛布满整壁，与北朝佛教盛行坐禅、观相思想一致。四壁下部绕窟一周的是浓眉怒目、赤身裸躯的药叉，体形肥硕壮实，强健有力。

窟南壁前部画大型说法图，巧妙地利用人字披下的山形空间，以对称的格局，画一佛、一弟子和一金

龛　原指掘凿岩崖为空，以安置佛像之所。我国古代的石窟雕琢一般是神龛式，小龛又称椠。各大佛教遗迹中，四壁皆穿凿众佛菩萨之龛室。后世转为以石或木，作成橱子形，并设门扉，供奉佛像，称为佛龛；此外，也有奉置开山祖师像。

敦煌文化特色与形态

伎乐天 佛教中
的香音之神。在
敦煌壁画中伎乐
天亦指天宫奏乐
的乐伎。佛教认
为天是有情众生
的最妙、最善、
也是最快乐的趣
处，只有修习十
善业道者才能投
生天部。在我国
佛教石窟艺术中
很早就出现了伎
乐天的形象。

刚组成的二胁侍、供养菩萨和四飞天。南壁则以同样
的方式绘一佛二胁侍菩萨和四供养菩萨、四飞天。

第254窟和第257窟的壁画比较丰富。其中第254
窟的《尸毗王本生故事图》《萨埵那太子本生故事
图》和第257窟的《鹿王本生故事图》是有名的北魏
代表作。

第254窟建于北魏，隋代重修，位于九层楼以北
的石窟群中段。第254窟窟形长方形，前部人字披
顶，后部平棋顶。中心塔柱东向面开一圆券龛，内塑
交脚菩萨或禅定佛，龛外有胁侍菩萨。

石窟东壁门上开有明窗，在南北壁前部各开一
龛，内塑交脚菩萨，后部各开四龛，塑禅定佛或说
法佛。

窟南壁前部的阙形龛，采
用泥塑为主、加以彩绘的手法
进行表现，整个建筑塑造得精
细立体。龛内的菩萨是敦煌彩
塑的代表作之一，菩萨头戴宝
冠，发披两肩，头后有披巾。
面部饱满，神情温和，双耳垂
肩。颈饰璎珞，胸前有两蛇相
衔式璎珞，在敦煌石窟实属
罕见。

窟南、北壁上的龛外
两侧遍绘千佛。所绘的千
佛每壁各有五排，造型完

■敦煌莫高窟第254
窟南壁前部上层

全一样，仅敷色略有差异。每一佛像均有头光和身光，取端坐之态，双手交置于足上，面圆耳长。

窟中的千佛，以西壁中轴线划分，一侧为过去千佛，另一侧为未来千佛，加上中心塔柱所代表的现世千佛，正好符合三世千佛的意义。

第254窟窟内四壁上部为绕窟一周的天宫伎乐。窟上部的天宫中，绘有舞蹈乐队和放歌的伎乐天。窟内主尊是一尊倚坐佛像，高1.97米，佛头上的肉髻高大，这是早期彩塑佛像的典型特征。

佛双手自然垂下抚膝，身披右袒偏衫式袈裟，袈裟的衣纹疏朗流畅、材质轻薄，通过袈裟透出了佛平静柔和的身体线条。佛的静态与龛内外壁画中菩萨、飞天、童子的动态形成了鲜明的对比，更能表现佛以慈悲为怀的思想境界。中心柱上部残存数尊影塑菩萨，影塑是将泥、细沙、麦秸等原料，用泥质模具翻制，表面经过处理后，进行敷彩。

通常将背面粘贴于墙壁上，正面凸起呈高浮雕状，主要为装饰性的，用来衬托主像圆塑。成群影塑的上色，符合均衡、对比、变化的要求，与周围的背景和谐统一，浑然一体。

第257窟的窟形为印度支提窟与我国汉式建筑相结合的形制，前部人字披顶，后部平棋顶，有中心塔

袈裟 梵语意译，意译作坏色、不正色、赤色、染色，指缠缚于僧众身上的法衣，以其色不正而称名，又作莲服、袈裟野、迦逻沙曳、迦沙、加沙。"袈裟"乃佛教之标帜，是圣人之表式，它的功德善利，非寻常可比。

浮雕 是雕塑与绘画相互结合的产物，采用压缩的方法来对对象进行处理，展现三维空间，并且可以一面或者是两面进行观看。浮雕一般是附着在另一个平面上，所占空间小，所以经常用来装饰环境。浮雕的主要材料有石头、木头、象牙和金属等。

柱。柱东向面开一大龛，内塑弥勒倚坐说法像，外存一天王像。

第257窟南北向面均上开阙形龛，塑菩萨像，下南开双树龛，北开圆券龛，均塑禅定佛像。西向面上下开圆券龛，内塑禅定佛像。窟顶人字披椽间绘莲花供养菩萨，后平棋顶有莲花童子、飞天及忍冬图案。

窟的主尊为一倚坐佛像，高肉髻，面部略有损毁，双目已失。佛像内着僧祇支，身披右袒袈裟，两腿自然垂下。

第257窟主尊彩塑，具有明显的"曹衣出水"的特点，衣纹以贴泥条的方式制作，使整个袈裟紧紧裹在了佛身上，佛的肉体特别突出。

特别是左臂垂下的袈裟一端，从正面看是两条波浪纹，更增添了湿衣出水之感。乍一看，佛像就像刚

■ 莫高窟第259窟二佛并坐像

刚从水中出来一样。

第259窟开凿于北魏早期，宋代重修。窟顶为前部人字披顶，后部平棋顶。

第259窟西壁表现多宝塔从地涌出，在壁面上凸塑出半塔，上开一龛，内塑释迦牟尼和多宝佛并坐说法像。龛外塑两菩萨像，塔柱南北侧各塑一菩萨。南壁现存上层3个阙形龛，内塑弥勒菩萨像。下层一圆券龛，内塑跌坐佛。

莫高窟第259窟菩萨像

第259窟北壁上层四阙形龛，内塑弥勒菩萨像，下层三圆券龛，内塑禅定佛、说法佛像。龛之间绘千佛和供养菩萨，壁下部绘药叉。此窟塑像以塑造手法概括，底纹线条洗练，神情端庄含蓄，而成为敦煌石窟雕塑的上乘之作。

阅读链接

前凉、西凉、北凉3个政权先后治理河西地区时，比较注重谨修内政，安民保境，轻徭薄赋，劝课农桑，崇尚儒学，兴办教育，使得河西地区社会安定，经济繁荣，文化昌盛。

在十六国时期，群雄逐鹿中原，战火四起，百姓流离失所，处于水深火热之中，而河西成为相对稳定的地区。中原大批学士儒生和百姓纷纷背井离乡，逃往河西避难，给河西地区带来了先进的文化和生产技术。这对于莫高窟的开凿和艺术发展产生了有利的影响。

隋唐宋元开凿的洞窟

　　隋唐时期是敦煌的兴盛时期，也是敦煌石窟艺术的繁荣时期。隋代在莫高窟开窟竟有90多个，而且规模宏大，具有南北两种截然不同的艺术风格。

■莫高窟第290窟中心柱东向面佛龛塑像

　　隋代石窟形制主要有3种，第一种是中心柱窟，这是继承前代遗制，但也略有变化，其表现是中心柱的正面一般不再开龛，仅置3尊大佛，中心柱后面和两侧仍和以前一样开龛造像。

　　中心柱前为比较开阔的前厅，上方为"人"字披顶，但没有椽间装饰。前厅里，南北两壁及中心柱正面，共置身高三四米的大立佛像3铺。前室内两侧塑天王和力士，

均身高三四米。

这些新出现的巨型佛像已经成为洞窟的主体，而中心柱已经退居次要地位。

第二种是开皇年间出现的另一种中心柱窟。石窟平面为方形，中心柱下部为方坛，中心柱上部呈倒塔形直通窟顶，塔刹四龙环绕。

窟顶前部有"人"字披，后部有平棋。后来，中心柱上部的倒塔消失了，只剩下佛坛，再后来，佛坛也消失了，仅留下了窟顶前部的人字披。

第三种窟形是最主要的窟形，称为殿堂窟，也叫覆斗顶窟。这种形制北周时期有较大发展，但到隋代已成为基本窟形。

隋代的殿堂窟，有的正面开龛，有的三面开龛，有的作为马蹄形佛床，有的依壁造像，布局多种多样。这种窟形为以后的唐代所沿袭。

唐代，敦煌经济文化高度繁荣，佛教非常兴盛，

■ 莫高窟第251窟中心柱东向面坐佛

"人"字披 石窟寺中仿木结构屋顶建筑形式之一。位于塔庙窟前端的顶部，在前后披上塑出断面为半圆形的椽子，椽之间出望板，两披之交会处雕自脊枋。前披与外壁柑交处、后披与后壁相交处均雕刻出枋子。这两条枋子与山墙相连接，并各从枋子向外伸出仿木丁头栱，另有散斗替木承托枋底。

■ 敦煌莫高窟第332
窟中心柱东向面

人类敦煌

敦煌文化特色与形态

菩萨 是梵语菩提
萨埵的简称。在
佛教中地位仅次
于佛，是协助佛
传播佛法，救助
众生的人物。菩
萨在古印度佛教
中为男子形象，
流传到我国后，
随着菩萨信仰的
深入人心及其对
世人而言所具有
的深切的人情
味，便逐渐转为
温柔慈祥的女性
形象。

这一时期莫高窟开窟数量多达
1000余个，保存下来的有232
个，而且壁画和塑像都达到异
常高的艺术水平。

唐代洞窟的形制，一般都
是新创的如殿堂的样式，窟多
作方形，窟顶四面斜上，构成
藻井。

窟的后壁有一深入的小龛，
所有的佛像都集中排列在龛中，
如佛殿的坛座上一样，而不是沿
着三面墙壁分别塑造。

集中在洞窟后壁龛中的塑像，一般是7尊，包括1
尊佛、2尊比丘、2尊菩萨、2尊力士，以佛为中心向
两面展开排列，2尊力士在最外侧，也有加入其他供
养菩萨的。

晚唐及五代，开始把天王像分别画在窟顶藻井的
四角，不再与佛及菩萨等共置于同一坛座上。

洞窟四壁及入口都有壁画，大幅的经变故事的完
整构图多在左右两壁的中部，壁脚多是供养人像。后
壁有塑像的龛内也常有经变及佛传故事。

洞顶为华丽的藻井图案，藻井图案和经变周围的
长条边饰是敦煌艺术中装饰美术方面的重要成就。

唐代的重要洞窟，例如初唐的第220窟、第332
窟、第335窟、第321窟，盛唐的第23窟、第130窟、
第103窟、第172窟，中唐第112窟，晚唐第156窟等，

其中的壁画及彩塑多为代表性的作品。

第220窟为覆斗顶形窟，主室西开龛，龛内原有唐塑1尊佛、2尊弟子。龛顶绘有供养菩萨壁画。主室南壁绘大幅无量寿经变，是敦煌莫高窟出现最早、场面最大的净土变。

北部绘药师七佛变相，日光、月光菩萨胁侍，还有八大菩萨和十二药叉等神将护法。

东壁门两侧画维摩诘经变，以"问疾品"为主体，描绘了《维摩诘所说经》中最生动的情节。

第332窟位于莫高窟南区崖面北部下层，建于初唐698年前后。该窟前部为"人"字披顶，后部平顶，主室有中心方柱，西壁开龛，这种窟形在莫高窟为数不多。

第335窟位于南区崖面北段底层，该窟的特色在于保存有3处明晰的开窟题记。这3窟题记表明该窟成于武周时期，该窟为覆斗形窟，主室西壁开龛，主室窟顶为牡丹团花井心配卷草、垂曼图案。

西壁平顶敞口龛内塑坐佛和弟子、菩萨像，龛顶及龛壁绘法华经变。主室南壁绘阿弥陀经变，北壁绘维摩诘经变。

第321窟位于南区崖面北段底层，该窟为覆斗形窟，主室

《维摩诘所说经》 佛教经典之一，简称《维摩经》，一称《不可思议解脱经》，又称《维摩诘经》。经成立的年代大概在1世纪至2世纪，是印度大乘佛教时期出现的经典之一。叙述吠舍离城居士维摩诘深通大乘佛法，通过他与文殊师利等人共论佛法，阐扬大乘般若性空的思想。

043

艺术宝库

敦煌石窟

■ 敦煌莫高窟第220窟西壁龛内北侧

武周 是武则天建立的政权，时间起止是690年到705年。690年9月9日，武则天废黜唐睿宗李旦称帝，改国号为周，定都洛阳，改元天授，史称武周，仍然袭用唐制。武则天既是两个唐代皇帝的生母，又在去世前被迫恢复唐王朝，故历史上一般不把武周视为单独的朝代。

西壁开龛。主室西壁龛两侧绘双飞天四身。主室南壁绘十轮经变。

西壁佛龛两侧各画两身双飞天。这两身飞天，飞翔姿态十分优美，尽管飞天的面容、肉体已变成降黑色，但眉目轮廓、肉体姿态、衣裙彩带的线条十分清晰：身材修长，昂首挺胸，双腿上扬，双手散花，衣裙巾带随风舒展，由上而下，徐徐飘落，像两只空中飞翔的燕子，表现出了潇洒轻盈的飞行之美。

第23窟位于南区崖面北段底层，覆斗形顶，西壁开龛。北壁西侧绘《雨中耕作图》，画面充满生活气息：乌云密布、大雨滂沱，农人抓紧时间耕作，农妇送茶饭于地头，几名孩童在雨中嬉戏，整幅画看上去非常亲切。

■ 敦煌莫高窟第23窟《雨中耕作图》

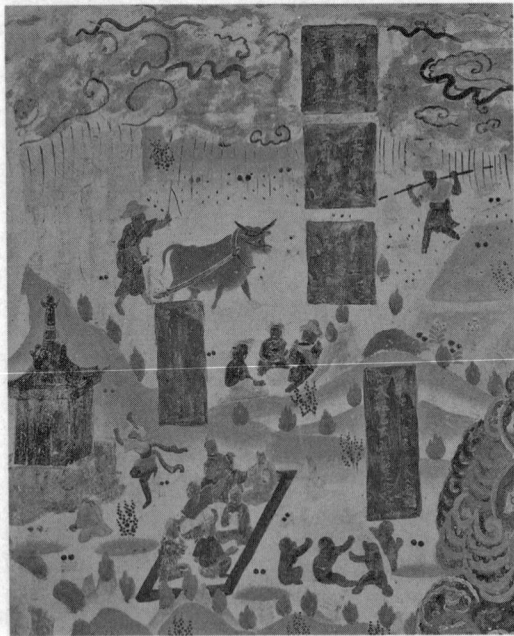

第130窟位于南区崖面南段底层，俗称"南大像"，因位于第96窟北大像之南而得名。该像由敦煌人马思忠和僧人处谚于开元年间的721年创建，耗时30多年。

南大像高26米，为石胎泥塑弥勒佛倚坐像，是莫高窟第二大佛。南大像形体圆浑饱满，姿态庄静，气度雍容，充分显示了盛唐艺术风格。

第103窟位于南区崖

面南段中层，窟形为覆斗形顶，西壁开龛。主室窟顶藻井为团花图案，4面披绘千佛。西壁平顶敞口龛内有唐塑结跏趺坐佛像1身，菩萨像2身为清修，另有弟子和菩萨像各2身为清塑。

第172窟南北两壁的《观无量寿经变》是这个洞窟的主要内容。由于画家的高超技艺，相同内容在同一洞窟中不显得重复而且内容丰富多彩。南北两壁的《观无量寿经变》中以西方净土为主，两侧为对联式的立轴画，分别画《未生怨》和《十六观》。

北壁经变画以佛为中心，宏伟壮观的楼台亭阁，耸立在碧波荡漾的"七宝莲池"中，各种姿态的佛、菩萨，体态优美，面含笑意、神态安然舒适，宝池中莲花盛开，"莲花童子"嬉戏追逐于莲荷之间。舞台上伎乐随着音乐的旋律翩翩起舞，体态轻盈的飞天，穿游于楼阁廊宇之间。飘荡在空中的乐器不鼓自鸣，演奏着美妙悠扬的乐曲。画面里一派幻想的极乐世界的美妙景象。

南、北两壁经变画中均绘有场面宏大的寺院建筑群，是唐代壁画中表现建筑群的代表作。

第112窟中的唐代舞乐壁画，反映的是十多名伎乐菩萨载歌载舞的情景。画面正中的舞伎手持琵琶，边弹边舞。舞伎的反弹琵琶舞姿优美，动作轻盈。两

■ 敦煌莫高窟第172窟北壁

琵琶 一种传统的弹拨乐器，已经有2000多年历史。最早被称为"琵琶"的乐器大约在我国秦朝出现。"琵琶"二字中的"珏"意为"二玉相碰，发出悦耳碰击声"，表示这是一种以弹碰琴弦的方式发声的乐器。"比"指"琴弦等列"。"巴"指的是这种乐器总是附着在演奏者身上，和琴瑟不接触人体相异。

■ 敦煌莫高窟第159窟西壁龛内南侧

古琴 最初是五根弦，后加至七根弦。制作历史悠久，许多名琴都有可供考证的文字记载，而且具有美妙的琴名与神奇的传说。

琴，作为一种特殊的文化，代表古老神秘的东方思想。古琴，目睹了中华民族的兴衰，反映了华夏传人的安详寂静、洒脱自在的思想内涵。

边的乐伎手持横笛、拍板、琵琶、古琴等各种乐器，为中间的舞伎伴奏助兴。整个画面内容丰富，线条清晰精美，是研究唐代音乐、舞蹈艺术的珍贵资料。

第156窟是唐代归义军节度使张议潮在位期间修建的一座功德窟。前室窟顶西披画3铺经变画：中央画降魔变；北侧画报父母恩重经变；南侧一铺存留部分画面。

这个存留部分原定为法华经变，后经学者考察发现，这是一幅佛顶尊胜陀罗尼经变，其中主尊佛座下的主榜题北侧画一三层经幢，顶层有幡垂下，顶置经板；主榜题南侧画一楼房，楼内有一俗装男子在读经，楼顶平台上置经板，该经变还有数方榜题，字迹模糊，将来借助技术手段或可释读出若干文字。

隋唐时期可以说是莫高窟发展的全盛时期，共留下洞窟300多窟。禅窟和中心塔柱窟在这一时期逐渐消失，而同时大量出现的是殿堂窟、佛坛窟、四壁三龛窟、大像窟等形式，其中殿堂窟的数量最多。

塑像都为圆塑，造型浓丽丰腴，风格更加中原化，并出现了前代所没有的高大塑像。群像组合多为7尊或者9尊，隋代主要是1尊佛、2尊弟子、2尊菩萨或4尊菩萨，唐代主要是1尊佛、2尊弟子、2尊菩萨和2尊天王，有的还再加上2尊力士。

这一时期的莫高窟壁画题材丰富、场面宏伟、色彩瑰丽，美术技巧达到了空前的水平。比如中唐时期制作的第79窟胁侍菩萨像中的样式，上身裸露，做半跪坐式。

塑像头上合拢的两片螺圆发髻，是唐代平民的发式。脸庞、肢体的肌肉圆润，施以粉彩，肤色白净，表情随和温存。虽然眉宇间仍点了一颗印度式红痣，却更像生活中的真人。

在第159窟中，也是胁侍菩萨。塑像上身赤裸，斜结璎珞，右手抬起，左手下垂，头微向右倾，上身有些左倾，胯部又向右突，动作协调，既保持平衡，又显露出女性化的优美身段。

另外一位菩萨全身着衣，内外几层表现清楚，把身体结构显露得清晰可辨。衣褶线条流利，色彩艳丽绚烂，配置协调，身材修长，比例恰当，使人觉得这是两尊有生命力的"活像"。

在唐朝兴起的时候，我国西南部的吐蕃王朝日益强盛。"安史之乱"以后，唐王朝由鼎盛开始走向衰落，吐蕃则乘虚进攻河西，攻陷了凉州、甘州、肃州等地，统治河

中心塔柱窟 又称"塔庙窟""支提窟"。其特点是：平面呈长方形，窟室后部中央凿出连通窟顶与地面的中心塔柱，柱身四面雕龛造像，在窟室后部、中心塔柱与窟室侧壁、后壁之间形成绕塔右旋的通道。源出于印度的支提窟，是我国北朝石窟中的典型形制。

艺术宝库

敦煌石窟

■ 敦煌莫高窟第159窟西壁龛内南侧

西长达70多年。

　　吐蕃也信奉佛教，莫高窟的唐代洞窟中也保存了大量吐蕃时期的壁画艺术，藏经洞内保存了大量的吐蕃文经卷。

　　五代和宋代的时候，敦煌莫高窟存留下来的有100多窟，但多为改建、重绘的前朝窟室，形制主要是佛坛窟和殿堂窟。

　　这个时期莫高窟的塑像和壁画都沿袭了晚唐的风格，但越到后期，其形式就越显公式化，美术技法水平也有所降低。

　　莫高窟共有西夏和元代的洞窟85窟，其中西夏修窟77窟，多为改造和修缮的前朝洞窟，洞窟形制和壁画雕塑基本都沿袭了前朝的风格。一些西夏中期的洞窟出现回鹘王的形象，可能与回鹘人有关。而到了西夏晚期，壁画中又出现了西藏密宗的内容。

　　元代执政者也崇信佛教，使得莫高窟的开造得以延续，但元代洞

敦煌莫高窟第159窟西壁龛内北侧

窟只有8窟，全部是新开凿的，出现了方形窟中设圆形佛坛形制。典型洞窟有第3窟、第61窟和第465窟等。

敦煌莫高窟第465窟北壁

其中第465窟位于北区北端二层，是莫高窟仅存和最早的以藏密艺术为题材绘制壁画的洞窟。在北区石窟为数不多的壁画窟中，可谓一枝独秀，有"秘密堂""秘密寺"之称。

此窟前室为覆斗顶正方形，各壁面仅绘藏式佛塔几座并简单纹样。主室也为覆斗形，中心设多层圆形佛坛。窟顶藻井及四披，绘大日如来、无量寿佛、不空成就佛等五方佛。

莫高窟主要历经了北朝、隋、唐、五代、宋、西夏和元时期的兴建，形成巨大的规模，其中以隋唐时期兴建最多，艺术水准最高。

阅读链接

隋文帝杨坚出生在陕西大荔县般若尼寺，曾受到智仙尼的抚养，13岁时才回到家中，因此对佛教抱有崇敬的心理。他登基后首先就下令修复毁废的寺院，允许人们出家，又令每户出钱营造经像。

隋文帝退位后，他的儿子隋炀帝杨广"子承父业"，继续在全国推广佛教。敦煌莫高窟在隋代得到迅速发展，与隋文帝和隋炀帝的大力推广有着直接的关系，正是在这两者的大力推动下，莫高窟才出现了前所未有的盛况，并对后世产生了深远而重大的影响。

各具风采的彩塑造像

敦煌石窟艺术是集建筑、雕塑、绘画于一体的立体艺术。莫高窟现存洞窟总共700多个，存有彩塑和壁画的洞窟达492个，其中487窟集中分布在断崖南端的1千米范围内。

在492个洞窟中，包括魏窟32洞，隋窟110洞，唐窟247洞，五代窟

■敦煌石窟佛像

36洞，宋窟45洞，元窟8洞。总计有壁画4.5万多平方米，彩塑3000多尊，飞天4000余身，唐宋时期的窟檐木结构建筑5座。

■敦煌石窟彩塑

以彩绘泥塑，即彩塑为代表的造像艺术是莫高窟的艺术主体。莫高窟的岩石是一种由砾石、砂石等自然胶结而成的砾岩层，由于硬度、大小、密度不一致，不易雕刻，因而莫高窟的塑像借助了泥塑。把泥塑与彩绘结合起来，形成了莫高窟的彩塑艺术。

■敦煌石窟彩塑

石窟中除几尊巨像为石胎泥塑外，大多是用木架结构做骨架，外表用泥塑，干后再彩绘施色。还有的以捏、塑、贴、压、削、刻等泥塑技法，塑出形体，然后通过点、染、刷、涂、描等技法赋彩。

由于开凿年代与审美标准不同，加上民族习俗不同，即使同一题材的塑像显示出的艺术特色也不同，人物千姿百态，各具风采，造诣极高，而且与壁画相融映衬，相得益彰。

莫高窟的第一大佛高35.5米，两膝间宽度为12米。根据敦煌遗书《莫高窟记》记载，这尊大佛为695年由禅师灵隐和居士阴祖所建，是佛国三世中的"未来佛"弥勒佛。

此大佛的制作方法为石胎泥塑，即在崖壁的石沙岩体上凿出佛像的大体形状，再用草泥垒塑、用麻泥

彩塑 以黏土加上纤维物、河沙、水，糅合成的胶泥为材质，在木质的骨架上进行形体塑造，阴干后填缝、打磨，再着色描绘的作品。由摆放位置与使用范围可分4类，即：石窟彩塑、庙宇彩塑、陵墓彩塑和民俗彩塑。

■ 北魏敦煌莫高窟
第431窟造像

人类敦煌

敦煌文化特色与形态

阙 又称阙门、
观，是宫殿、祠
庙和陵墓前的一
种高建筑物，通
常左右各一，建
成高台，台上起
楼观，两阙中间
没有建筑物相
连，之间空缺，
故称"阙"。有
的用石雕砌而
成，作为记官
爵、功绩和装饰
之用。全国现存
的石阙30座，时
代都属于东汉，
分布地区以四川
最为集中。

细塑，最后着色而成。这尊大佛气势雄伟壮观。

从彩塑的表现手法上看，莫高窟有圆塑、浮塑、影塑手法。圆塑是完全离开墙面的雕塑，包括主像及其两侧的胁侍像，主像有释迦牟尼、弥勒像等；胁侍像早期为2尊菩萨，晚期增加2尊弟子。

浮塑为突出墙面的雕塑。影塑则为粘贴在墙面上的模制雕塑，一般包括粘贴于中心塔柱和四壁上方的供养菩萨、飞天、天王、金刚、力士等。

北凉洞窟的塑像都是单身塑像，而且多以弥勒像为主尊。弥勒像一般都在中心柱和南北壁上层阙形龛中，表示弥勒高居"兜率天宫"。

第268窟的交脚弥勒像是莫高窟最早的彩塑佛像。它整体造型简洁洗练，身披红色袈裟，两脚相交，垂在座前，面部含笑慈祥，神情庄重。

第275窟，主像和壁龛中均为弥勒菩萨。正面主尊为交脚弥勒菩萨，面颊丰满秀雅，五官线条柔和，鼻梁高隆，直通前庭，眼珠外突，鼻翼单薄，嘴唇微抿，神情庄静，头戴宝冠，袒胸露肩。

整个塑像造型简括，稳定挺拔，给人以体魄雄健的感觉，其头上的阙楼象征着弥勒所居住的兜率天宫。

北魏时期的塑像分圆塑和影塑两种，影塑以飞天、供养菩萨和千佛为主。圆塑最初多为1尊佛、2尊菩萨组合，后来又加上了2尊弟子。塑像人物体态健硕，神情端庄宁静，风格朴实厚重。

圆塑指的是适宜于从不同的角度观看的立体造像，也是洞窟中最为常见的造像。敦煌圆塑多用来塑造佛、菩萨、弟子、天王、力士等主体形象。

影塑即用模子制成的塑像，以泥、细沙和麦秸做材料，用泥质模具翻制，表面经过处理，然后敷彩。通常将其背面粘贴于墙壁，正面做凸起壁面较高的浮雕状，主要用于衬托圆塑主像。影塑以北朝最为常见。

北魏前期人物面相略长，体瘦肩宽，鼻梁高隆直通额际，眉长眼鼓。佛像体态健硕，神情端庄，塑造手法简练明快，装饰性衣纹密集，纱薄透体。

北魏莫高窟第437窟飞天造像

■ 隋代敦煌莫高窟
第427窟中心柱西向
面龛内阿难造像

人类敦煌

敦煌文化特色与形态

秀骨清像 南朝画家陆探微的绘画风格。一般多指所绘宗教人物画所表现出来的面目清秀,棱角分明的艺术特点。唐代张彦远在《历代名画记》中评陆探微说:"陆公参灵酌妙,动与神会,笔迹劲利,如刀锥焉。秀骨清像,似觉生动。"

西魏后彩塑人物形象面貌清瘦,眉目舒朗,眼小唇薄。佛的庄严慈善,菩萨的清秀恬静,金刚力士的威猛粗犷,飞天的飘逸闲畅等特点渐趋明显。

北周时期的塑像出现新的组合方式,窟内的成铺塑像,比前一时期又增加了迦叶和阿难2尊弟子像,从而变成了1佛2菩萨2弟子这种一铺5身塑像的新组合。

阿难均塑为汉族形象,面相丰圆,少年聪慧。迦叶则为胡貌,高鼻深目,大眼宽腮。有的肌肉松弛,老态龙钟,有的满面笑容,但笑中略带苦涩,真实地刻画了迦叶饱经风霜的经历。

隋代彩塑继承并发展了北周时期的群像形式,在一龛之内以佛为主尊,两侧侍立2尊弟子、2尊菩萨或4尊菩萨,形成3身至7身一组的格局。

一些石窟内出现了北朝时所没有的天王像和很少见的力士像,这种有主有从,有坐有立,有文有武的群像,到唐代时发展为定制。

在表现手法上,隋代彩塑也有所发展。在北朝时期那种以圆塑、高浮塑和影塑等多种形式相配合的老手法基础上进入了主体雕塑的发展阶段。塑绘技术达到了新的水平。

第427窟三世佛造像,高大厚重,朴实简练,极富力量感与感染力。第407窟为隋代最大的洞窟，共有塑像28身，整体特点为头大、体壮、腿短、身高，颇显威严肃穆，使匍匐于地的朝拜者肃然起敬。

在造型上，隋代彩塑沿袭北周而又有发展，典型的特征是面相方正、鼻梁略低，耳垂加长，头大体壮，上身长而腿短，摆脱了"秀骨清像"，追求的是雍容凝重，开始往唐代丰肌圆润的风格发展。

隋代的彩塑在北周具有浓厚的生活气息的艺术风格基础上进一步接受了当时中原佛教艺术的影响，充分利用了在形象上的写实技巧和典雅富丽的色彩，给神的形象赋予了现实中人的面貌和精神，使塑像开始摆脱早期塑像的神秘感。

唐前期的彩塑在隋代的基础上进一步发展，以整铺的群像为主，由一铺5身、一铺7身而向一铺9身、11身发展，气势宏大，而且全部塑像已都是圆塑，浮塑很少见。

这一时期，造像以佛像为中心的排序呈这样的关系：佛、弟子、菩萨、天王、力士。造像系列中主尊正襟危坐，温和慈祥。

在艺术技巧上，唐代彩塑克服了隋代人体比例不协调的缺憾，写实手法大大提高，更加注意人物性格心理的刻画。

人物形象丰满略胖颇富人格化。尊像的容貌显得庄严沉静，衣褶深厚挺阔，质感很强，彩绘精致，金碧辉煌。

■ 隋代第427窟立佛造像

这一时期，作为主尊的佛像一般为结跏趺坐或善跏坐，手势作说法印或施无畏印。塑像整体已经完全摆脱"秀骨清像"的名士风度，代之以雍容华贵、健康丰满的形态。这些佛像的面相变得温和、慈祥、庄严、镇定。

菩萨雕像优雅美姿，面相丰腴，肌肤光洁，神态慈祥，衣饰华美，表现出女性的美丽和温柔，更接近唐朝人理想中的女性形象。以浓郁的女性化特征来装饰严肃的佛窟，充分说明唐朝人开放的个性及对艺术美的大胆追求。

相比之下，天王、力士像则表现了男性的刚毅和力量，这些盔甲严整或是裸露上身的塑像，都有力地体现了古代武士的威严、勇猛、正直、坚毅的性格。

晚唐以后，敦煌彩塑总体上保留了传统的艺术神韵，且不乏精品。晚唐第196窟彩塑一铺，富有晚唐艺术精髓。第491窟的西夏供养天女头梳环髻，身着褂衣，颧骨微突，鼻挺唇薄，眼神含蓄，笑色微露，恰似一稚气未脱的乡间少女，十分逗人喜爱。

总体来说，唐代时期，彩塑艺术达到了顶峰，其后的彩塑造像，无论是形体大小，还是艺术手法，都没有超过这一时期。

阅读链接

北魏孝文帝为适应社会经济的发展，缓和阶级矛盾和民族矛盾，在5世纪末推行了一系列的汉化措施，其中主要有：任用南方儒士制定礼乐制度；禁止鲜卑语和其他少数民族语言，以汉语为北魏唯一通行的语言，总之是大力吸收南朝文化，包括吸收南朝的艺术。

孝文帝改革后，北方一些石窟寺与画像石刻上，都出现了南方所推崇的"秀骨清像""褒衣博带"的人物形象。北魏宗室成员元荣出任瓜州刺史，就把孝文帝改革后的中原文化艺术带到了敦煌，也就直接影响了莫高窟石窟塑像艺术的发展。

雕梁画栋的建筑瑰宝

莫高窟是一座融绘画、雕塑和建筑艺术于一体，以壁画为主、塑像为辅的大型石窟寺。除了壁画和彩塑外，还有大量的古建筑。

莫高窟的石窟建筑形制主要有禅窟、中心塔柱窟、殿堂窟、中心佛坛窟、四壁三龛窟、大像窟、涅槃窟等，此外还有一些佛塔。

各窟大小相差甚远，最大的是第16窟，最小的是第37窟。窟外原有木造殿宇，并有走廊、栈道等相连，具有丰富的艺术特色。

莫高窟内外保存有5座唐宋木构窟檐和一些宋元土木古塔；壁画中绘有大量的各个时代的古建筑形象。从这些窟檐建筑可以推想千百年前人们出于各种目的建造的几百

莫高窟反抱琵琶图壁画

敦煌文化特色与形态

栈道 又称阁道、复道。古人为了在深山峡谷中通行，便在悬崖绝壁上用器物开凿一些菱形的孔穴，孔穴内插上石桩或木桩，上面横铺木板或石板，可以行人和通车，这就叫栈道。为了防止这些木桩和木板被雨淋变朽而腐烂，又在栈道的顶端建起房亭，这称栈阁。我国在战国时即已修建栈道。

座窟檐殿堂檐翼相接，画柱雕梁，十分壮观。

在这唐末宋初的5座木构窟檐中，晚唐末期建造了第196窟窟檐，其上部残毁，仅存4根檐柱及梁枋构件，而且窟檐与洞窟是同时建造的。

北宋时期建造的窟檐包括：970年建的第427窟窟檐，976年建的第444窟窟檐，980年建的第431窟窟檐。第437窟的窟檐没有明确的建造纪年，但其结构形式与邻近的第427窟、431窟的窟檐相比较，时代是接近的。

这几座石窟的窟檐，虽然在规模上稍有差别，但其结构和形式则基本相似，它们都是三间四柱，深约一间，正中一间开门，左右两间开窗。

所有的梁柱都为八边形，柱上有斗拱，柱下无柱础，柱立于地袱之上，袱下有挑出岩体的悬臂梁，梁间铺设木板即成为洞窟之间的往来栈道。

■ 莫高窟壁画

各窟窟檐的外观形制古
朴，斗拱的风格以及八边形柱
与中原同期古建筑的风格有着
较显著的差异。这可能是因为
敦煌地处边陲，在建筑技术上
保存了较多古老传统。如第
427窟窟檐的木结构梁柱额、
枋、斗拱、椽、檩等构件都保
存完整。檐下圆椽一层，飞头
一层。檐端平直，两翼不翘飞，与壁画中所画建筑的
形象相同。

■ 敦煌莫高窟佛像

敦煌石窟

第96窟外层的九层楼，高45米，依山崖而建，位
置在莫高窟上寺石窟群的正中，里边供奉的是世界最
大的室内盘腿而坐的泥胎弥勒菩萨的造像。由此，人
们习惯称九层楼为"大佛殿"。

九层楼前后经历了几次重建，最初只有两层，后
来于1927年至1935年才改建成了九层。上两层是保护
33米高的弥勒像头部的顶盖。整个楼身的建造充分利
用了地形地势，白壁丹楹，宏伟而秀丽。

九层楼内弥勒菩萨的造像非常丰盈圆润，有典型
的唐代风格。据说当年武则天当政时，为了巩固自己
的帝位，武则天就对民间宣扬自己是弥勒菩萨的化
身，所以当时的弥勒佛造像有很多女性化特征。

在莫高窟窟前园林中，有一座可能建于宋初的小
巧的亭阁式塔，木檐土身，单檐八角攒尖顶，上有覆
钵相轮的塔刹。塔身正面有门，门额上墨书"慈氏之

斗拱 我国古代汉
族建筑特有的一
种结构。在立柱
和横梁交接处，
从柱顶上的一层
层探出成弓形的
承重结构叫拱，
拱与拱之间垫的
方形木块叫斗。
两者合称斗拱。
斗拱既有结构上
的作用，用以承
托伸出的屋檐，
将屋顶的重量直
接或间接转移到
木柱上；同时还
具有装饰作用。

人类敦煌

敦煌文化特色与形态

■莫高窟第148窟东壁南侧《观无量寿经变》画

歇山顶 即歇山式屋顶，也称九脊殿、九脊顶等，为古代汉族建筑屋顶样式之一。歇山顶共有9条屋脊，即1条正脊、4条垂脊和4条戗脊。由于其正脊两端到屋檐处中间折断了一次，分为垂脊和戗脊，好像"歇"了一歇，故名歇山顶。

塔"。门内有方形小室，各壁及穹隆顶均有壁画。这座小塔比例适度，小巧精致。此塔原在三危山中，后来，移到莫高窟前。

另外，莫高窟周围和大泉河两岸还建有几十座佛塔和墓塔。幢幢古塔屹立在沙丘之中，塔身残破斑驳，风姿庄重、古朴。

敦煌壁画中绘有大量的建筑物形象，其中有宫殿、阙、佛寺、塔、城垣、住宅，还有监狱、坟墓、高台、草庵、穹庐、帐帷以及桥梁、栈道等，这些建筑形象有许多是以完整的组群形式出现的，可以明确地显示出建筑的群体构图。

敦煌壁画中的这些建筑物形象，涵盖上起十六国，下迄唐宋各个时代，其中尤以唐代的最多，表现最充分。

唐代敦煌地区的佛教净土宗比较流行，莫高窟洞窟内遍布《西方净土变》《观无量寿经变》《弥勒净土变》《东方药师变》等大幅经变画。这些大幅经变画比较集中地描绘了建筑群的组合和各种类型的单体建筑物形象，内容极其丰富。

佛国天堂的景象借组人间宫室、寺院体现。净土世界中殿阁、楼台、宝池、栏杆等形式多样、结构精巧的建筑，反映了唐代的建筑水平。

殿堂是莫高窟壁画中最多的一种建筑形象。殿下有台基，大都是砖砌素平台基。唐代中期发展为装饰华丽的须弥座台基，正中设台阶，也有设左右双台阶的，台基边沿有栏杆。

台上殿堂面阔三开间或五开间，亦有七开间的。殿身上覆单檐庑殿顶，也有极少数属于歇山顶。

古敦煌民间对修建家宅十分重视，他们有一种牢固的风俗观，认为"宅者，人之本，人者，以宅为家，居若安，即家代昌盛"。从中可见，对家宅的重视。

当时民间对住宅有着很多考究，要求避免"五虚"，符合"五实"，"宅小六畜多"。这六畜多与人丁兴旺有密切关系，六畜多即意

■敦煌石窟佛像

味五谷多，养活的人口多，是家庭兴旺的象征。

在修建房屋时，往往要在梁上、内壁和院墙上雕刻绘画，进行工艺美术的装饰。他们常把中国民间吉祥的象征物龙、凤带入外来的佛寺中，即在堂阁上绘画，在梁上雕龙描凤，雕绘完之后，龙飞腾，凤飞舞，十分壮观。

莫高窟壁画中的塔有楼阁式、亭阁式、窣堵婆式、金刚宝座式等，造型多样，结构奇巧。这些塔多是以我国的重楼为基本要素，上加印度覆钵式塔作为刹部融合而成，这些塔已经完全中国化了。

壁画中还有宫城、州城、县城，其布局大体相同。城一般都做方形，按轴线对称布置，四周有夯土城墙，两面或四面有城门。门上有单层或重层的城楼，城转角处大多有角楼，是防御性和装饰性相结合的建筑。

敦煌壁画中的建筑形象很多，内容极其丰富。除了殿堂、宅邸、塔以及城楼外，还有楼阁、台榭、阙等。

总之，莫高窟的建筑体现了人们对天国、人间建筑的理解及要求，客观反映了我国多个朝代的建筑技术和艺术水平，是非常宝贵的文化遗产。

阅读链接

莫高窟中建筑形象非常丰富，在莫高窟第321窟的南壁上，有一幅壁画名叫《宝雨经变》，画的是印度大神薄伽梵在伽耶山上，为7.2万僧众说法的故事。

《宝雨经变》中有一幅施工图，此图画一座正在施工即将建成的房屋，房屋三开间，檐柱不施斗拱。双扇大门不在中间，而在右侧。中间有一工匠正在用抹子往墙上抹泥，另有一人在后协助。屋顶也有工匠在劳作。所有工匠都赤裸上身。这类施工场面在莫高窟壁画中是很少见的。

祁连山北麓的艺术石窟

　　河西走廊位于祁连山脉北麓，沿祁连山北麓留下了众多的石窟和石窟群，比如西千佛洞、东千佛洞、榆林窟、昌马石窟、马蹄寺石窟等，它们同样是我国敦煌石窟艺术的重要组成部分。

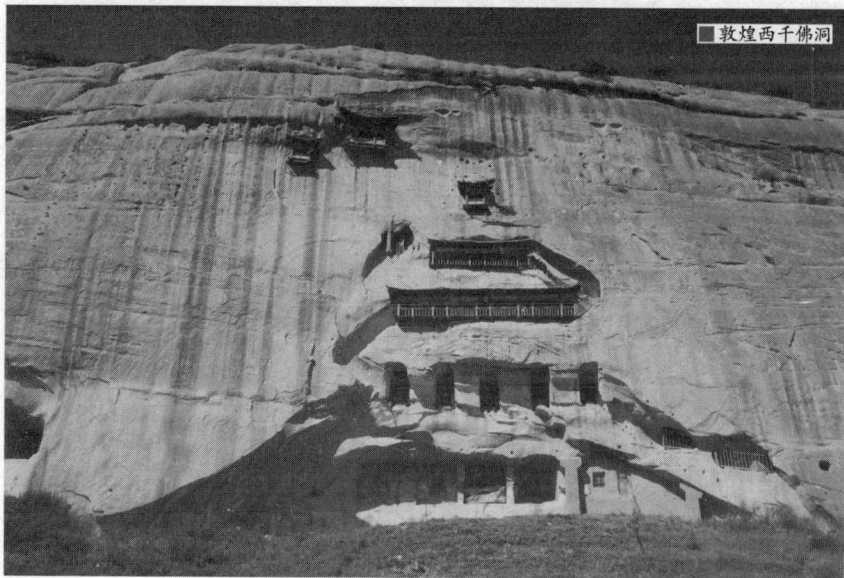

■敦煌西千佛洞

中原 为中华民族、中华文明、中原文化的发源地，万里母亲河黄河两岸，千里太行山脉、千里伏牛山脉东麓，在古代被华夏民族视为天下中心。广义的中原是以中原洛阳、开封、商丘、安阳、郑州、南阳、许昌七大古都群为中心，辐射黄河中下游的广大平原地区。狭义的中原即指天地之中、中州河南。

西千佛洞因其位于莫高窟以西而得名，俗称千佛洞。它开凿于党河河岸的悬崖峭壁上，是敦煌艺术的重要组成部分。

西千佛洞洞窟群于北魏时开凿，止于元代，现有洞窟16窟。在保存较好的9个石窟中，中央大多有中心座，座四周凿龛，内塑佛像，四壁多绘贤劫千佛、佛跌坐说法图、佛涅槃像。

中心座和四壁的佛像下，绘金刚、力士像。北魏一石窟内南壁西段绘"睒子经"故事，东段绘"劳度叉斗圣变"故事，为莫高窟北魏洞窟所没有的佛本生故事，可填补其空白，有独特价值。其余窟龛的四壁和藻井则很少绘佛本生故事。

西千佛洞有彩塑34身，壁画约800余平方米。洞窟形制与莫高窟同期洞窟基本相同，大致可分为中心塔柱窟、覆斗顶形窟、平顶方形窟以及敞口长方形大

■ 西千佛洞第9窟北壁涅经变画

龛4种类型。

隋代第9窟窟型类似于游牧民族的圆帐，是敦煌窟型中唯一的。北魏晚期第5窟中心柱正面龛内的佛像很具特色，其纯熟练达的塑作技巧和优美的造形，隽秀和庄严肃穆的神态，是典型的秀骨清像，为北魏时期的佳作。

■西千佛洞第8窟西壁上部伎乐天及千佛壁画

西千佛洞的壁画内容及风格基本上也与莫高窟同期壁画趋于一致，如第10窟南壁窟门两侧的"劳度叉斗圣变"和"睒子本生"故事画，均以白粉作底，墨线勾勒，赭石和青绿淡染，无论是构图设色还是人物形象，均具有浓郁的中原气息。

第15窟的观无量寿经变、东方药师变、降魔变、观音经变等壁画，其精美程度与莫高窟中唐时期最主要的代表作品不相上下。

东千佛洞位于甘肃瓜州县桥子乡东南35千米的峡

纹样 包括提花织物上的花纹图案和建筑装饰图案。主要题材分为自然景物和各种几何图形两大类，有写实、写意、变形等表现手法。我国传统的丝绸纹样是中华民族文化艺术的组成部分之一，反映了典雅的东方艺术特点。

■ 榆林窟第25窟西
壁北侧文殊经变画

谷两岸，现存洞窟23窟，其中有壁画、塑像者8窟。东岩3窟，西岩5窟，多为单室窟。形制有长方形中心柱隧道窟、圆形穹隆顶窟和方形平顶窟。

其中第2窟、第4窟、第5窟、第7窟均为长方形中心柱窟，存部分佛、菩萨塑像，但多为清代重修，唯第4窟西夏高僧像，身着俗装，保存完好。

壁画分布四壁，有经变画、密宗图像、尊像画、装饰图案和供养人像。经变画有西方净土变、药师净土变、文殊变、普贤变、水月观音变等。

密宗图像有坛城图、密宗曼荼罗、十一面观音变、八臂观音变等。尊像画有说法图、释迦行道图、禅定佛像、观音像等。

装饰图案有窟顶装饰、圆光、背光、边饰等，纹样有莲花、忍冬、百花、卷草、火焰、宝珠等。供养人像多为西夏供养人像，并有西夏文题名。

榆林窟又名万佛峡，位于甘肃瓜州县，即原安西县城南70千米处。它开凿在榆林河峡谷两岸直立的东西峭壁上，因河岸榆树成林而得名。

作为敦煌石窟的重要组成部分，榆林窟同莫高窟在洞窟形式、表现内容、艺术风格方面十分相似，可以说一脉相承，互为姊妹窟。

榆林窟开创于隋唐以前，唐、五代、宋、西夏、元、清各代均有开凿和绘塑，进行过大规模的兴建。榆林窟存有完整壁画的洞窟有43个，其中东崖32窟、西崖11窟。有彩塑272身、壁画5650余平方米。

榆林窟洞窟形制主要有中心佛坛窟、中心塔柱窟、大像窟3种。各形均始于唐代，后成定式沿用。东西两崖上层洞窟前面多有较深的甬道，且横开连通毗邻各窟的长穿道，这一点与莫高窟有所不同。

榆林窟主室形态主要有3种：一种主室呈长方形，偏后有中心柱，四面开龛，有前室及长甬道，多为唐初开凿，有的甬道长达8米；一种主室呈方形，覆斗藻井，中心设须弥座；一种主室呈方形，覆斗藻井，中心置圆坛，无甬道，多为密宗窟。

彩塑造像主要有佛、菩萨、弟子、天王、力士像等，形式有圆塑、浮塑等。除了第6窟大佛殿宋代塑的高24.35米的善跏坐佛像和第5窟长13米的卧佛像各

■ 榆林窟第25窟北壁阁楼壁画

一身为石胎泥塑外，其余的造像多为清代制作，均为木骨泥塑，艺术水准很是一般。

洞窟开凿在党河水冲刷形成的砂崖上，砂崖高约30米，洞窟悬于半崖，距地约12米到15米。在由南向北长约300米的悬崖峭壁上，洞窟共有19个，唯有中间5窟可以登临，故被称为"五个庙"。

在与"五个庙"石窟相对的党河东岸上，存有4个残窟。从"五个庙"上溯约5千米处，存有1个石窟，俗称为"一个庙"。

"五个庙"4个残窟的石窟绘塑风格与莫高窟同时期艺术一致。第1窟北魏时凿建，西夏重修，中心柱窟形，壁画有炽盛光佛、黄道十二宫、二十八宿、水月观音像，以及弥勒变、文殊变、普贤变、坛城图等。其余3个窟为五代、宋时凿建，西夏、元重修，塑像均毁。壁画内容有维摩变、说法图、文殊变、普

■榆林窟第33窟北壁西侧降魔经变画

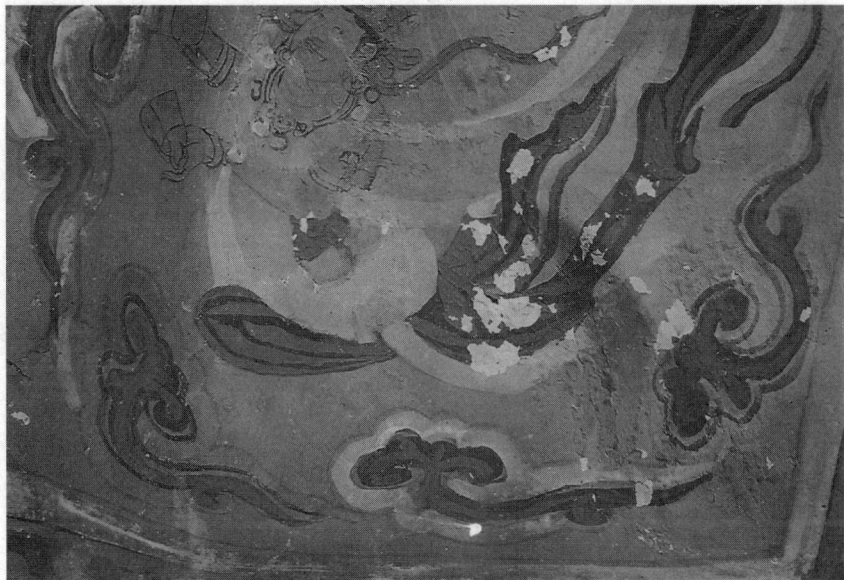

贤变、水月观音、劳度叉斗圣变、弥勒变、药师变及十六臂、四臂观音等汉密图像。

■ 昌马石窟下窖第2窟窟顶飞天壁画

昌马石窟位于甘肃玉门镇东南90千米处的祁连山北麓，源于祁连山的昌马河经窟崖前北流，故名昌马石窟。

昌马石窟群包括大坝千佛洞和下窖两处。洞窟开凿在下窖村西的崖壁上，距地面40米至50米。两处共有窟龛11个，依山势分南、中、北3段。窟形为中心柱。壁画内容有坐佛、菩萨、骑狮文殊、骑象普贤、经变故事、供养天女、飞天、缠枝团花图案等。

马蹄寺石窟位于甘肃肃南临松山中，计有北寺、南寺、千佛洞、金塔寺和上、中、下观音洞等处，为一规模宏大的石窟群体，计有北寺、千佛洞、金塔寺等处。各处洞窟相距数千米至10余千米不等，绵延近30千米。

北朝 在我国，北朝是与南朝同时代的北方王朝的总称，其中包括了东魏、西魏、北齐、北周等数个王朝，时间是从386年到581年。北朝结束了我国将近150年的中原混战的局面。后世的隋唐两代都是继承了北朝，它们的开国皇帝的祖先都是北朝名贵。

龛楣 佛龛的龛口包括楣、梁、柱3部分。龛楣指佛龛的外檐部分,它以泥雕浮塑出来,高于墙壁平面,是龛口的主要装饰部位,其精美的装饰图案象征佛光,用以显示佛法的伟大。

每个小窟群,多的达30余窟,少的仅有2窟,总共70多窟。民间传说这里的一块岩石上留下天马的一只蹄印,寺窟由此得名。因其山崖石质属粗红砂岩,不便雕刻,故绝大多数造像为泥塑。

马蹄寺石窟大量洞窟为北魏至明清历代营建或重修,其中北朝9窟、隋1窟、西夏3窟、元19窟、明2窟、清36窟。

北寺有三十三天洞、药王殿和藏佛殿,计21窟。除底层只有壁画而无塑像外,其他各层都有石胎泥塑观音。一层至三层均开5窟,四层3窟,五层1窟。窟门排列整齐,间距越往下越疏,外观呈宝塔形。每层之间都有隧道相通,隧道凿在岩壁内部,由第一层北边入口,呈"之"字形,迂回而上。这21个洞窟形制可分为两种,一种是平面方形,顶做成"人"字坡;另一种是平面方形,顶做成覆斗式四面披。

■ 马蹄寺三十三天洞窟

窟正中都开一大龛，龛内坐佛均为石胎泥塑，壁
画绘有影塑千佛。

■ 马蹄寺洞窟

药王殿，又称南坐佛殿，凿于元代，有泥塑药师
坐佛像一尊。藏佛殿位于三十三天洞北侧，为北寺洞
窟中最大的一个，窟形平面呈"凸"字形，总深33.5
米，宽26.3米，分前堂拜殿、甬道，形成内外两阵。

千佛洞存有10余窟，北朝窟居多，位于马蹄寺东
北约3千米处。第2窟、第8窟中心塔柱式，塔柱四面
分4层造像。南寺和上、中、下观音洞各有4窟至6窟
不等。

金塔寺位于马蹄寺的东南面，为中心塔柱窟。洞
窟坐北朝南，开凿在山谷中高约60米的崖壁上。

金塔寺的东窟中心柱座基上分3层造像，下层开
圆券形龛，塑坐佛、胁侍弟子、菩萨，龛楣上方各
悬塑飞天6身至8身。中层每面开3个小龛，塑交脚弥

彩绘 古称"丹
青"，常用于我
国传统建筑上绘
制的装饰画。主
要绘于梁和枋、
柱头、窗棂、门
扇、雀替、斗
拱、墙壁、天
花、瓜筒、角
梁、椽子、栏杆
等建筑木构件
上，其中以梁枋
部位为主。彩绘
自隋唐时期开始
大范围运用，到
了清代进入鼎盛
时期。

勒、坐佛、释迦苦修像、胁侍天王、菩萨立像。

上层北东南三面均塑10尊佛、10尊菩萨，西面为元代补塑的5尊佛。四面壁间以影塑的手法塑有坐佛、供养菩萨，以作为填补。

金塔寺西窟形制与东窟相仿，中心柱四面仅下层各开一个大龛，龛外两侧塑菩萨、天王。中层四面居中分别塑倚坐佛、坐佛、半跏菩萨和交脚弥勒，其两侧除北面塑4尊菩萨4尊弟子外均为8尊菩萨。上层塑5尊佛、供养菩萨等。

金塔寺佛像造像脸型丰圆、鼻高唇薄、肩宽体健、庄重安详，菩萨华丽俊美。悬塑的飞天身躯扭曲，略显古朴稚拙，真切感人。

整窟造像结构严整，统一和谐，富丽堂皇，以圆雕、高浮雕、影塑和彩绘相结合的手法，层次分明地塑造了众多的佛教人物形象，充分显示出5世纪前后我国早期石窟雕塑艺术的高度成就。

除了这些石窟外，祁连山北麓石窟还有文殊山石窟、天梯山石窟、水峡口下洞子石窟等，各窟不同程度保存了不同时期佛教洞窟形制、塑像造型、壁画手法等，具有重要的史料价值。

阅读链接

马蹄寺石窟以其宏大的石窟群，曾经在历史上留下了许多帝王将相和文人墨客的踪迹和诗章。比如明人有一首七律《咏马蹄寺》写道："古刹层层出上方，云梯石蹬步回长。金神宝相莲开座，玉梵清音月近床。茶沸烟腾禅出空，花飞泉落水流香。逢僧共说无生活，回首音尘意自忙。"

从马蹄寺溯马蹄河西去，一路山谷杂树丛生，野花满地，到山谷尽头，悬崖峭壁中冒出一股细流，沿崖直下。

《咏马蹄寺》诗中所写"花飞泉落水流香"即此。悬崖飞泉，为祁连山雪水沿山石缝隙渗聚而成，天晴时远远望去，能清楚地看见这一奇景。

敦煌莫高窟壁画是敦煌艺术的主要组成部分，规模巨大，技艺精湛。敦煌壁画的内容丰富多彩，它和别的宗教艺术一样，是描写神的形象，神与人的关系以寄托人们善良的愿望，安抚人们心灵的艺术。

尽管敦煌壁画几乎都是描写佛教内容，但是宗教思想也离不开现实生活，敦煌壁画中也有许多描绘世俗生活的壁画，再现了我国古代劳动人民的生活。

敦煌壁画

敦煌莫高窟的佛教壁画

敦煌莫高窟壁画数量众多、内容丰富，有佛像、故事、飞天、伎乐、仙女等。从艺术上看，其结构布局、人物造型、线描勾勒、赋彩设色等，均系统地反映了各个历史时期的艺术风格及中西艺术交流融汇的特色。一些有情节的壁画反映了大量具有鲜明时代特征及民族特征的社会现实。

莫高窟伎乐壁画

敦煌莫高窟壁画中，最多的是反映佛教文化的壁画，可分为6大类：故事画、经变画、尊像画、供养人画、装饰图案画和神话题材画。在佛教壁画之外，还有社会风俗画及山水画、动物画等。

敦煌莫高窟壁画中的故事画，就是用通俗、形象的画面，把抽象、深

■ 莫高窟五代壁画

奥的佛教经典史迹表现出来。包括本生故事画、因缘故事画、佛传故事画、佛教史迹故事画等。

　　本生故事画绘述释迦牟尼过去若干世为菩萨时忍辱牺牲、教化众生、普行六度的种种事迹与善行。

　　因缘故事画讲述释迦牟尼成佛后度化众生的故事。敦煌因缘故事画多以单幅主题画、连环画形式等出现在早期洞窟壁画中。

　　佛传故事画是描述释迦牟尼入胎、出生、成长、出家、苦修、悟道、降魔、成佛以及涅槃等被神化了的传记故事的连环画。一般是以一个画面一个故事的形式表现，部分以长卷式连环画来表现，到了晚期则多见于屏风画形式。

　　佛教史迹故事画是表现佛教传播和佛教历史的壁画，主要有佛教在传播过程中的历史人物、事件、佛教圣迹、遗迹、灵异感应事迹和瑞像的图画。

伎乐 在露天演出的音乐舞蹈剧，即我国的乐舞，由于隋初设置国伎、清商伎、高丽伎、天竺伎、安国伎、龟兹伎、文康伎七部乐而得名。后传入日本并在日本逐渐盛行起来，对日本能乐形成了很大影响。

六朝 指我国历史上三国至隋代的南方的6个朝代，即三国吴、东晋、南朝宋、南朝齐、南朝梁、南朝陈。六朝承汉启唐，创造了极其辉煌灿烂的"六朝文明"，在科技、艺术等诸方面均达到了空前的繁荣，开创了中华文明新的历史纪元。

敦煌莫高窟壁画中的经变画，即用通俗易懂的图画表现深奥的佛教经典内容。经变画也称为"变"或者"变相"，广义而言，凡是依据佛经绘制的图画，均可以称之为"变"。

敦煌经变画专指依据释迦牟尼所讲的某一部乃至几部佛经的主要内容绘成首尾完整、主次分明、情节明晰的大画。

经变画自六朝以来就已经出现，是敦煌壁画中最主要的部分，多达30余种、千余壁，而尤以唐、五代、宋时为盛大。

莫高窟壁画中的尊像画，即以释迦牟尼的形象虚构出来的佛像画，有三世佛像、七世佛像、千佛像、十方诸佛像等。另外，还有多种菩萨、天王、弟子像，菩萨像中有观音菩萨、文殊菩萨、普贤菩萨等。

在敦煌莫高窟壁画中，几乎每一个时代的每一个

■敦煌壁画授经说法

佛教画廊 敦煌壁画

■ 敦煌莫高窟供养
人壁画

洞窟，都能够看到以释迦牟尼的形象虚构出来的许多
佛像画，也就是尊像画。在莫高窟早期洞窟中，以佛
为主的说法图很多，而佛陀画像则很少。

　　敦煌莫高窟壁画中的供养人画，就是信仰佛教并
出资建造石窟的人的画像，可以画家族、亲眷、奴
婢。莫高窟的建造者既有僧团、地方机构，又有私家
僧俗人众。

　　出行图是敦煌供养人画中的特殊一部分，其主题
在于表现窟主的武功、政绩及高贵的身份。作为窟
主，出行图表现了他们对佛的敬仰，同时也是其拥有
的世俗权力的展示。

　　敦煌莫高窟壁画中的装饰图案画，主要用于石窟
建筑装饰，装饰花纹丰富多彩、千变万化，主要有边
饰、顶光、背光、龛楣、人字披、平棋、藻井、莲
座、旗帜、花砖、器物、服饰等图案。

几何纹 原始的
装饰纹样，因其
是以点、线、面
组成多种有规则
的几何图形而得
名。包括网纹、
三角纹、八角
纹、菱形纹、曲
折纹、漩涡纹、
回旋钩连纹等。
到了商周时期，
陶器上的几何纹
十分突出。秦汉
以后各代，几何
纹始终是陶瓷器
常见的装饰图案
或辅助纹饰。

■敦煌莫高窟第249
窟窟顶南披西王母
出行壁画

山水画 我国山
水画简称"山
水"，指以山川
自然景观为主要
描写对象的中国
画。山水画形成
于魏晋南北朝时
期，隋唐时始独
立，五代、北宋
时趋于成熟，成
为中国画的重要
画科。传统上按
画法风格分为青
绿山水、金碧山
水、水墨山水、
浅绛山水、小青
绿山水、没骨山
水等。

敦煌莫高窟洞窟的窟顶绘画了许多装饰图案画，其中有动物纹、植物纹、几何纹、云气纹和人物纹，变化巧妙，结构严谨。

这些纹样大都有一定的象征意义，比如莲花，在印度很早就用它来装饰，在佛教艺术中，它象征净土，因为莲花出淤泥而不染，所以一切进入极乐世界的，都从莲花自然化生，以示灵魂的纯洁。

敦煌莫高窟每一个洞窟里都有天井和"天花板"，在不同的时代里，敦煌图案具有不同的风格特点和花纹。

敦煌莫高窟壁画中的神话题材画，即以民族传统神话为题材的画。比如在西魏第249窟顶部，除中心画莲花藻井外，东西两面画阿修罗与摩尼珠，南北两面画东王公、西王母驾龙车、凤车出行。车上重盖高悬，车后旌旗飘扬，前有持节扬幡的方士开路，后有人首龙身的开明神兽随行。朱雀、玄武、青龙、白虎分布各壁。飞廉振翅而风动，雷公挥臂转连鼓，霹电以铁钻砸石闪光，雨师喷雾而致雨。这些神话题材画，体现了中原文化与域外文化的某种融合。

在敦煌莫高窟壁画中，除了上述大量的佛教壁画外，还有表现古代劳动人民的生产、生活场景的壁画，称之为社会风俗画。如农耕、狩猎、捕鱼、拉纤、制陶、冶铁、屠宰、炊事、驶车等，还有嫁娶、上学、练武、歌舞百戏、商旅往来、外国使者来访等各种社会活动。

严格说来，敦煌莫高窟的主题是佛教，一切艺术表现形式都是因佛教信仰而产生的，所以不应该存在单纯以社会生活为主题的内容，即使有也是宗教艺术的附属和衬托。

但是，宗教毕竟是人间信仰，在表现宗教题材的同时，不可避免地会出现一些反映世俗社会生活的艺术内容。这就是敦煌社会风俗画产生的根源。

另外，还有山水画、建筑画、器物画、花鸟画和动物画等。山水画作为一种衬托性的表现手法，山水画在莫高窟、榆林窟等石窟中几乎每窟必有，每壁必在。敦煌山水画几乎包括了从江南水乡到北方大漠的所有奇异景致，其中也有个别专门表

花鸟画 指用我国的笔墨和宣纸等传统工具，以"花、鸟、虫、鱼、禽兽"等动植物形象为描绘对象的一种绘画。花鸟画是我国传统的三大画科之一。花鸟画描绘的对象，实际上不仅仅是花与鸟，而是泛指各种动植物，包括花卉、蔬果、翎毛、草虫、禽兽等类。

佛教画廊

敦煌壁画

■ 敦煌莫高窟第249窟窟顶西披雷神

现山水的大型画像。

敦煌壁画中的动物画多达几十种，在各个时代的洞窟中均有所见。它们多出现在佛传故事画、本生故事画、因缘故事画中，也多集中出现于经变画中。

在洞窟装饰图案或其他一些地方也常能见到各类形式的动物画，其神态各异，活灵活现，大大增加了洞窟的现代生活气息。

莫高窟的壁画多数属于水粉壁画，制作程序是先把碎麦秸和麻刀和成的泥涂抹在壁面上，其厚度约半寸，然后再在泥壁上涂上一层薄如蛋壳的石灰面，打磨光滑作底。作画时先用赭红色打底，也有用淡墨线打底的。所用颜料大都是粉质的，不透明，层层涂绘，最后再用色或墨线描绘一层就完成了。

莫高窟壁画前期多以土红色为底色，再以青绿赭白等颜色敷彩，色调热烈浓重，线条纯朴浑厚，人物形象挺拔，有印度佛教特色。西魏以后，底色多为白色，色调趋于雅致，具有中原的风貌。

阅读链接

敦煌莫高窟第285窟建于北魏时期，石窟南壁的壁画，展现了佛祖释迦牟尼感化五百强盗成佛的景象：

从前，有个侨萨罗王国，国中出了500个强盗，无恶不作。国王派精兵良将前来征剿，最终俘虏了他们，并决定对他们处以酷刑。强盗们悲愤欲绝，撕心裂肺地绝望号叫着。呼叫声传进了佛祖释迦牟尼的耳朵，他知道这是强盗在生死线上挣扎呼救，便用神力送来了香山妙药，吹进了强盗的眼眶。霎时，强盗们个个双眼重又见到光明。释迦牟尼又亲临刑场给强盗讲经说法。众强盗听了佛的教诲俯首悔过，口称尊师，成了佛门弟子。从此，刑场附近的森林被称作"得眼林"。很多年后，当年的五百强盗终于修成正果，成为五百罗汉。

北凉佛传本生的故事画

　　北凉时期的石窟壁画艺术虽然明显受到希腊和印度文化的影响，但是这一时期的壁画艺术也绝不是原封不动地照搬来自希腊和印度的艺术，它同时还受到来自本土汉文化的影响。

　　作为外来的宗教艺术，要想在具有发达的汉文化的敦煌扎根生长，获得当地民众的喜爱，就必须在题材内容、主题思想和艺术风格方面，都要和当地的思想文化协调一致，以适应当地的风土人情。所以，北凉时期的壁画艺术是两者结合的产物。

　　北凉时期洞窟内的壁画，是为禅僧们修习禅定和善男信女巡

■敦煌莫高窟第272窟西壁龛内菩萨壁画

■敦煌莫高窟第272
窟北壁飞天壁画

礼瞻仰用的，主要内容有佛说法图、佛传故事和佛本
生故事。

这一时期以佛为主尊的说法图很多，如"北凉三
窟"中第272窟的"弥勒佛说法"图，画中的弥勒佛
盘坐于中心莲台，右手上举；两边有两位胁侍菩萨侍
立。佛头上悬着华盖，身后有项光背光。

另外，第272窟还有供养菩萨在背光上方，在华
盖两侧还有两身飞天环绕飞翔。供养菩萨的姿态有持
花、徒手或坐或跪于莲台之上，并都做舞蹈状，以表
示听佛说法时产生的欢欣鼓舞的热烈场面。

北凉时期的壁画，最有名的是佛本生故事画，这
些来自民间的本生故事画，通过工匠们的彩笔，成为
莫高窟壁画中最富有人间气息的动人作品。

"北凉三窟"中第275窟南壁中部的佛传故事，
主要表现的是释迦牟尼成佛的因缘。故事讲释迦太子

北凉 我国古代
割据政权"十六
国"之一。由匈
奴支系卢水胡族
的沮渠蒙逊所建
立；另有一种看
法认为建立者为
段业。北凉都城
张掖，412年迁
都姑臧，即今甘
肃武威，称河西
王。433年沮渠牧
犍继位。439年北
魏攻姑臧，牧犍
出降，北凉亡。

成婚之后，不喜娱乐，终日仍惦念舍身出家。他的父亲净饭王十分忧虑，与大臣们商议后，决定让太子出宫游玩，以此来打消他出家的念头。

太子在侍从的陪伴下，出宫游玩，于城东门遇老人，在南门遇病人，西门遇死人，见人世间老、病、死三种大苦。之后在北门遇见出家之人，出家人神采奕奕，不被世间诸苦纠缠，于是太子更加坚定了出家的决心。

整个画面采用汉晋传统形式的横卷连环画形式，人物和景物不分远近，平列构图。人物形象服饰则明显受印度画风的影响，显得较为古朴粗犷。

壁画中太子骑马从城门中出，前有伎乐弹箜篌、琵琶引导，下有侍从百姓礼拜，上有飞天散花相迎。

图中右侧情节为遇老人，老人发、眉、须皆白，面容憔悴，弯腰弓背，老态龙钟，仅着短裤，似正在向太子行礼。

左侧为遇僧人之情节，僧人着右袒袈裟，面容饱满，姿态自然潇洒，左手握袈裟，其健康超脱与老人形成鲜明对比。

北壁绘佛本生故事，是释迦牟尼成佛前，前生累世行善的故事。此窟的这类故事很有代表性，主人公都是

太子 又称皇储、储君或皇太子，是我国封建王朝中皇位的继承人。唐朝时太子的地位仅次于皇帝本人，并且拥有自己的、类似于朝廷的东宫。东宫的官员配置完全仿照朝廷的制度，还拥有一支类似于皇帝禁军的私人卫队"太子诸率"。

■敦煌莫高窟第275窟北壁中层毗楞竭梨王本生壁画

083
佛教画廊
敦煌壁画

■敦煌莫高窟第275窟南壁菩萨壁画

人类敦煌

敦煌文化特色与形态

横卷 我国画装裱体式之一，即"手卷"，亦名"长卷"。在卷轴画中，手卷的装裱工艺质量要求较高。各时代的手卷形制不尽相同，明清以来常见的格式，主要由"天头""引首""画心""尾纸"4部分组成。除引首用宋锦或绢裱成外，其余都是用洁白的宣纸。

佛祖释迦牟尼的前世，体现了他过去为求法而不惜施舍眼睛、头颅、身体甚至生命的自我牺牲精神。此图仍采用横卷式连环画形式，自西向东排列。

第275窟壁画人物形象突出，这在《虔阇尼婆梨王剜身燃千灯》《尸毗王本生故事图》《月光王施头》《快目王施眼》等壁画中鲜明地体现出来。

《虔阇尼婆梨王剜身燃千灯》讲虔阇尼婆梨王为人正直，喜好正法，向全国发布命令寻求能讲说正法之人。劳度差应召愿为其说一偈语，但要求国王必须在自己身上剜1000个洞点燃千灯。大臣属民都劝国王不要这样做，国王却毫无惧色，为听闻法语果然身燃千灯。佛教护法神帝释天被其诚心感动，最后使国王身体恢复如前。

在这幅壁画中，国王端坐，上有飞天散花，前有一人正在剜凿国王的身体，座下一人正恐惧地看着眼前发生的一切。

《尸毗王本生故事图》画面上尸毗王垂了一条腿坐着，有人用刀在他腿上割肉，另外有人手持天平，在天平的一端伏了一只安静的鸽子。

在这幅画中只反映了这个故事内容的一部分，其具体情节是：佛的前身尸毗王为了从鹰的口中救出鸽子的性命，愿意以和鸽子同等重量的一块自己的肉为赎。但割尽两股、两臂、两胁以及全身的肉，都仍然轻于鸽子。最后他决心站在秤盘上去，结果天地震动，尸毗王得到完全平复，且超过了以往。

《月光王施头》讲的是月光王仁明慈悲，救济贫困，爱民如子。有一毗摩斯那王，很妒忌他，悬赏找能取月光王头的人。外道劳度差应募，冲破重重阻力，来到月光王面前，向月光王乞头。月光王不顾众人劝阻，毅然应允，并说过去已经布施过999颗头，再施一次就满1000颗了。于是他将头发系在树枝上，让劳度差砍头。

此图也是由两个画面组成，左侧月光王端坐于束帛座上，用左手指自己的头，面前有一侍者跪捧托盘，盘上有3颗人头，表示月光王在前世已经布施过很多次头颅了。右侧月光王以发系于树上，身后一刽

偈语 佛经中的唱颂词，也称偈文、偈句、偈言、偈诵等。它是附缀于佛经的一些读后感或修行的实践中得到的体悟写成的语句，因为多为四句组成，兼具文学的形式与内容，朗朗上口，尽管不是佛经的主要内容，也成为与佛经相提并论的典故。

■莫高窟伎乐壁画

《快目王施眼》本生画

子手举斧欲砍，表示任劳度差砍头的情节。

《快目王施眼》故事讲的是富迦罗拔城，有一名叫快目王的国王，眼睛明亮，心地慈祥，喜好施舍，得到众人的赞扬。快目王属下有一小国国王名叫波罗陀跋弥，天生傲慢，从不听从快目王的命令。快目王派兵讨伐，波罗陀跋弥为了逃避惩罚，派一盲婆罗门去要快目王的眼睛。快目王十分高兴，说用这双眼睛进行布施，可以求得佛无上一切智眼，遂令部下将自己的眼睛剜下布施给婆罗门。

壁画中王者端坐，面前有一人刺国王的眼睛。人物造型体态健壮，用晕染法来表现立体感，人物形象均以土红线起稿，赋色后以深墨铁线定型，线描细劲有力。

北凉壁画人物手中经常持有花或供器，也有双手合十的。还有的供养菩萨画成舞蹈或奏乐的状态，总之造型各异，姿态万千。

阅读链接

北凉时期的第275窟中，有一幅壁画叫《毗楞竭梨王身钉千钉》，讲的是毗楞竭梨王的故事。毗楞竭梨王喜好妙法，有一个叫劳度差的婆罗门，称如果有人愿意在自己身上钉一千个钉子，他就为那人说法。毗楞竭梨王知道后非常高兴，请劳度差说法，并任劳度差在自己身上钉钉子。

在《毗楞竭梨王身钉千钉》这幅壁画中，劳度差一手执钉、一手挥锤，正向毗楞竭梨王身上钉钉。国王神态安详，似乎正沉浸在听闻法语的喜悦当中，完全忘记身钉千钉的痛苦。

北朝本生和因缘故事画

莫高窟北魏洞窟壁画内容丰富，其中故事画是主体，在故事画中，尤以本生故事和因缘故事最为突出。北魏洞窟中第254窟和第257窟的壁画比较丰富。其中第254窟的《尸毗王本生故事图》《萨埵那太

■敦煌莫高窟壁画

人类敦煌

敦煌文化特色与形态

■《尸毗王本生故事图》壁画

鹿王本生 佛本生故事，亦称佛本生经，是佛经中最具文学性的作品之一。本生故事是指佛教创始者释迦牟尼生前所经历的许多事迹。"鹿王本生"是说释迦牟尼前生是一只九色鹿王，他救了一个落水将要淹死的人反被此人出卖的故事。

子本生故事图》和第257窟的《鹿王本生故事图》是有名的北魏代表作。

《萨埵那太子本生故事图》讲述的是一个劝人舍己救人的故事。说是古代一个国王有3个太子到山林中游猎，看见母虎生了7只小虎，才7天，饥饿不堪。最小的太子萨埵那是佛的前身，他大发慈悲的心肠，劝走了两个哥哥以后，就脱了衣服跳下山去，打算牺牲自己救助饥饿的老虎。但饿虎已经没有力气去接近他，于是他又攀上山头，用干竹刺自己脖颈出血，再跳下去，饿虎舐了血，然后食其肉。

萨埵那的两个哥哥回来看见了，悲痛地收拾了他的骸骨，并且将这件事情告诉了国王，于是国王为萨埵那修了一座塔。这幅画是把主要情节连续地布置在一幅构图之中，另外在色彩运用上，以深棕为主调，错综着青、绿、灰、黑、白等冷色，表现出一种阴暗凄厉的气氛。

《九色鹿经图》绘于敦煌第257号洞窟的西壁中部。是根据佛家"鹿王本生"这个故事而绘的。鹿王本生这个故事是这样的：古印度恒河边，有一只美丽的鹿，它身上的毛色由9种不同的颜色组成，名叫九色鹿，非常美丽。

　　一天，九色鹿在恒河里奋力救起一个失足溺水者，当溺水者要报答它时，九色鹿只是要求他不要把今天自己救他的事说出去。溺水者满口答应，谢恩而去。

　　在豪华的宫殿里，王后梦见美丽的九色鹿，她一心想用多彩的鹿皮做褥子，用鹿角做佛柄。在王后一再的恳求下，国王爱妻心切，最终答应了她昭告天下寻找九色鹿。

　　重金悬赏之下，那个溺水者禁不住向国王透露了秘密，并给国王和他的军队带路去猎杀九色鹿。九色鹿虽有好友乌鸦的报信，终还是没有来得及避开。当它见到那个溺水者时，悲愤的眼泪流出了眼角。

　　九色鹿用人语向国王说明一切，被感动的国王从此下令不许任何人伤害、捕捉九色鹿。而那个溺水者因为自食其言，顿时浑身长疮，满口腥臭，得到了惩罚。

　　《九色鹿经图》描绘了故事的8个情节部分：救人、溺水者行礼、国王与王后、溺水者告密、捕鹿途中、休息的九色鹿、溺水者指鹿、九色鹿的陈述。这样的情节处理，摒弃了传统的依序式安排，而是将故事的高潮，即"九色鹿的陈述"放在画面的中心位置，画作的左面自左而右是救人、溺水者行礼、休

敦煌莫高窟第257窟壁画

佛教画廊

敦煌壁画

■《须摩提女因缘图》壁画

组画 以多幅单幅画构成一系列来表现同一主题的绘画形式。组画不同于连环画，是各单幅基本独立成画，但又从属于同一主题。油画、版画、壁画、水粉画和中国画均可为组画制作手段，尤以前两种居多。组画题材广泛，具有场面广阔、容量较大的特色。

■《须摩提女因缘图》壁画

息的九色鹿3个情节，右面则是国王与王后、溺水者告密、捕鹿途中和溺水者指鹿，画面被处理得极富感染力。

九色鹿虽为9种颜色，画家却用白色作为鹿的主色，再用石绿、赭石在鹿身上点彩示其9色，所以整体上，鹿的白与国王的黑马形成强烈的对比，而国王与马表现出的姿态多样和富有动态，又与九色鹿的纯净安详相衬托，使画面张力十足。

因缘故事主要有《须摩提女因缘图》《难陀出家因缘图》等。

《须摩提女因缘图》讲的是须摩提女笃信佛教，她的夫家却信外道。她的公公满财听说佛祖神通广大，让须摩提女请佛到家里"赴宴"。

佛得知其中的意念，带弟子"赴宴"。佛弟子各显自己的神通，坐着各自变化的动物来到满财家，释迦牟尼和许多侍者最后到达。满财一家看到佛及弟子的种种神通，惊叹不已，最后都皈依了佛教。

第257窟北壁和西壁的"须摩提女因缘"以连环画和组画相结合的方式，描绘了17个场面，特别是对腾空飞来的乘骑的刻画，别具匠心，意趣各不相同。图中以"五"代表"五百"之数，众弟子结跏趺坐于所现化身之上。浩浩荡荡地赴会的形象，虽然出于想象，但在各种不同动物性格特点的描写上颇得其神。

《难陀出家因缘图》说的是释迦牟尼的弟弟难陀，出家后仍迷恋世俗生活，常偷偷回家与妻子相会。释迦牟尼为让他割断尘世中的一切因缘，先带他到天堂，使他看到了美好幸福。后带他到地狱，等待难陀煎煮，使他看到无数苦难，最后使难陀去掉了一切杂念，专心绝世进行苦修。

《难陀出家因缘图》画面为释迦牟尼坐于草庵之中讲说戒法，草庵两侧为镇禅力士和执剃刀的剃发戒师，两侧中层绘有修禅僧众和听法菩萨，上层绘有飞天，下层绘难陀与妻子难分难离的缠绵情景。

整幅壁画虽只用两个小小的角落来绘制难陀与妻子恋恋不舍的情景，却画得十分传神，表现出了人物内心的矛盾。

北魏时代洞窟中表现这些本生故事和因缘的壁画一般是比较简单的，除了在内容上曲折地反映了深受痛苦的人民生活以外，便是一些传统绘画的形象。一些新创造的人物在动作体态上具有生活的真实感，而在构图上，充分展开情节的能力不高，但形象之间已经具有了一定内容上的联系，而不是单纯的排列。

此外，这一时期开始出现大量的场面宏大说法图，而且其位置显著。第251窟、第206窟、第263窟等窟的壁画布局，都是南北壁中间或偏东画佛说法图，左右上三面画千佛。

这些千佛虽然千篇一律，但它们四五个一组，以红、绿、蓝等色有规律地交错配置，组合成霞光万道的效果，使窟内的宗教气氛异常浓烈。

到了北周，石窟中的壁画得到了全面发展，故事画种类

■敦煌莫高窟第251窟北壁前部说法图壁画

多样，情节丰富，形式完美，较之以前，都有了较大的发展。

第290窟的佛传图是一幅长达25米的连环画，北周之前的佛传图均为断面画，而这一窟的佛传图从乘象入胎，直到出家、成道和说法一共画了80个左右佛传中的主要场面，在东披和西披共分6列，每披上下共分3段，全图互相衔接紧密地连成一气，内容丰富完整。

093

佛教画廊

敦煌壁画

第290窟的佛传图在风格上也进一步民族化，图中人物的衣冠多为汉晋遗制，而且，在内容表现上不再直接，而采用了一些含蓄的手法，如路遇死人，并不直接摆出死人，而只是画出殡丧车来。

■敦煌莫高窟第206窟南壁说法图壁画

在题材上，北周时期也出现了符合中原伦理的宣传忠孝、慈爱的故事画。如第296窟的《善事太子入海求珠》描绘的就是善事太子为了救济国内的穷人，率领500勇士到大海中寻找如意宝珠的故事。

这个故事画以二段横卷式画面，由右至左的顺序表现，共描绘了42个情节。整个故事在善与恶两个象征性的对立人物矛盾中发展。

第299窟的《睒子本生》也是宣扬儒家忠孝思想的故事画。画在窟的顶部北侧，沿藻井边缘的一条长画卷形式的壁面上，故事由两头向中间叙述，左侧

儒家 又称儒学、儒家学说，或称为儒教，是我国古代最有影响力的学派之一。创始人孔子。儒家最初指的是冠婚丧祭时的司仪，自春秋起指由孔子创立的后来逐步发展以仁为核心的思想体系。儒家的以人为文明核心、主体的思想，对我国以及东方文明有着重大影响。

由左至右，右侧则由右至左，分别描绘连贯的故事情节。故事的结尾放在画面的中央，突出了睒子的形象。整幅画充满着儒家"忠孝"思想，宣传的目的鲜明昭然。

这一时期，除了这些丰富的故事外，开始出现了经变画，如第296窟的《福田经变》。这幅画描写了一些独立的生活片段，生活气息浓郁，而宗教气氛明显淡薄。

北周时期的壁画在画面结构上也有了新的面貌，有的故事画多达80多幅画面，也有的呈现"凹"字形、波浪形、"之"字形等。

这一时期的壁画出现了相对较多的世俗化内容，这无疑为壁画增添了人间生活气息。另外，北周后期在绘画技法上，已经逐渐将外来的晕染法同本土的线描法等结合起来，为此后隋朝的进一步融合奠定了基础。

北周时期莫高窟洞窟的艺术风格，已经开始了外来与本土相结合的道路。在造型上，中原式"秀骨清像"与外来的丰圆脸形互相结合而造就了新形象。在晕染技法上，中原式与外来式互相结合而产生了既染色也体现明暗的新晕染法。在人物造像上，淳朴庄静与潇洒飘逸相结合产生了温婉娴雅，富于内在生命力的新现象，从而更加使人感受到浓厚的生活气息。

阅读链接

南北朝时期，为了适应民族审美的特性，佛教壁画的造型与汉晋传统绘画的造型进一步结合起来了，人物的晕染，逐步与面部肌肉的起伏相结合，由形式感较强，运笔粗犷的圆圈晕染，变为合理而细腻柔和的晕染。

在北朝北魏洞窟故事画中，出现了头戴胡帽，身着汉式深衣大袍的世俗人物，与汉族供养人画像的服饰相同。说明南北朝时期的佛教故事画已经开始世俗化和本土化。

继承且创新的隋代壁画

隋代洞窟壁画佛教故事画表现丰富，出现很多生活景象的具体描写，都是简单而有真实感，构图也比较复杂并多有变化。体现了隋代石窟壁画的继承与创新。这一时期，除了前期已有的佛像画、本生故事画、因缘故事画、佛传故事画等以外，还增加了大量的经变画，而且随着时间的推移，故事画日渐减少，到隋代晚期，本生画已经消失，经变画却日益增多。

第420窟窟顶的"法华经变"是隋代规模最大、内容最丰富的一幅经变画。它分布在该窟覆斗形顶的四披上，每披一品，南披为譬喻品，北披为序品，东披为观世音普

敦煌莫高窟第420窟壁画

敦煌莫高窟第303窟壁画

门品，西披或为方便品。各品表现内容不同，但皆丰富多彩。

在隋代第303窟的北壁千佛图案中，有一幅释迦牟尼和多宝佛说法图。图中的释迦牟尼和多宝佛均一腿平放，一腿曲抬，手作说法印，坐于双狮座上。这两个佛身后各有捧着精美莲花的供养菩萨，两侧各有一身手持莲花的胁侍菩萨。

这幅壁画的图形有了新的特点，多宝塔画成了佛龛形，释迦牟尼和多宝佛坐于龛内。人物也增多了。人物造型和绘画艺术仍沿用北周风格。

隋代单身菩萨像逐渐增多，如第394窟和第276窟，西壁佛龛两侧中间各画一身胁侍菩萨。第276窟的迦叶身旁还有一尊观世音菩萨。此观音菩萨的造型已有变化，其身材修长，脸形丰圆，神态也比较慈祥，衣饰华丽，已脱离隋代风格，向唐代菩萨过渡。

隋代已经不采用单幅画的形式，完全用横列的手卷式的连环画出现。故事分段更细，表现更为复杂，背景的山水树木屋宇，尤富于装饰的情趣，所用的颜色，以青、绿、白、棕为主。

隋代本生故事画中，第419窟中的《须达拿太子施象》壁画是代表作，该画画面构图灵活多变，主要情节画面较大，放于横卷中心位置，而次要情节画面较小，放于主要情节画面的上下和周围，使画面层次分明，主题突出，增强了故事的感染力和表现力。

隋代洞窟供养人画像继承了北周传统，保持着装饰效果和程式化手法，大多画于石窟下部。

图案画是隋代洞窟壁画中最丰富多彩的。隋代壁画图案装饰，内容丰富，形式多样，制作精美，远超过前代。其图案装饰有莲荷纹、忍冬纹、云气纹、火焰纹、水波纹、双龙纹、联珠纹、垂角纹等。这些图案装饰既有继承性，又有创新性。

这些图案不仅大量用于菩萨塑像及画像的衣饰中，也用于它身后的背光、龛楣及窟顶等处。藻井尤为富丽，其结构大都为中央是莲花，四框是各种"二方连续"纹样。

"二方连续"纹样亦称花边纹样，指一个单位纹样向上下或左右两个方向反复连续循环排列，产生优美的、富有节奏和韵律感的横式或纵式的带状纹样。

云气纹 汉魏时代流行的装饰花纹之一，是一种用流畅的圆涡形线条组成的图案。其一般作为神人、神兽、四神等图像的地纹。也有单独出现的。云纹寓意高升和如意。

莲花 我国传统花卉，古名芙渠或芙蓉，从春秋战国时就曾用作饰纹。自佛教传入我国，便将莲花作为佛教标志，代表"净土"，象征"纯洁"，寓意"吉祥"。莲花因此在佛教艺术中成了主要装饰题材。

佛教画廊

敦煌壁画

■敦煌莫高窟第419窟窟顶《须达拿太子施象》壁画

隶代洞窟之所以给人的总体印象是装饰趣味很浓厚，这是和图案应用的普遍及它的多样化分不开的。

除了佛教题材外，隋代壁画中也有我国传统题材，即有我国传统神话、神仙故事中的人物形象出现，但已与佛教思想更加紧密地结合起来。

敦煌飞天是敦煌壁画中极其突出的一项艺术成就，是敦煌壁画艺术的标志，被唐代人赞誉为"天衣飞扬，满壁风动"。

飞天在印度佛教中是佛的护法神，能奏乐、善飞舞，且身上还散发出芬芳，常出现在鼓乐齐鸣的法会上。宋代《太平御览》卷《天仙品》中写道：

　　飞行云中，神化轻举，以为天仙，亦云飞仙。

人类敦煌

敦煌文化特色与形态

■石窟飞天壁画

敦煌莫高窟的492个洞窟壁画中共绘有飞天4000余个。北凉时的飞天多画在窟顶平棋岔角，窟顶藻井装饰中，佛龛上沿和本生故事画主体人的头上。

其造型和艺术特点主要是头有圆光，脸型椭圆，直鼻大眼，大嘴大耳，耳饰环绕，头束圆髻，或戴或蔓，或戴印度五珠宝冠，身材粗短，上体半裸，腰缠长裙，肩披大巾，由于晕染技法变色，成为白鼻梁、白眼珠，与龟兹等石窟中的飞天，在造型、面容、姿态、色彩、绘画技艺上都十分相似。

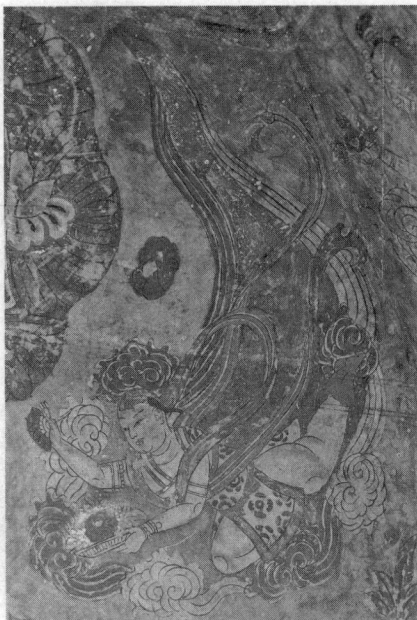

■ 石窟飞天壁画

北魏时期的飞天所画的范围扩大了，不仅画在窟顶平棋、窟顶藻井、故事画、佛龛上面，还画在说法图、佛龛内两侧。北魏的飞天形象，有的洞窟大体上还保留着印度式飞天的特点，但有一些洞窟里的飞天形象，已发生了明显的变化。

北魏时期的飞天眉清目秀，鼻丰嘴小，五官匀称谐调。头有圆光，或戴五珠宝冠，或束圆髻。身材比例逐渐修长，有的腿部相当于腰身的两倍。

这时飞天的飞翔姿态也多种多样，有的横游太空，有的振臂腾飞，有的合手下飞，气度豪迈大方。势如翔云飞鹤，飞天落处，朵朵香花飘落，颇有"天花乱坠满虚空"的诗意。

佛教画廊

敦煌壁画

龟兹 唐代"安西四镇"之一，又称丘慈、邱兹、丘兹。龟兹以库车绿洲为中心，最盛时辖境相当于今新疆轮台、库车、沙雅、拜城、阿克苏、新和6个县市。龟兹宗教、文化、经济等极为发达，而且拥有比莫高窟历史更加久远的石窟艺术，被现代石窟艺术家称为"第二个敦煌莫高窟"。

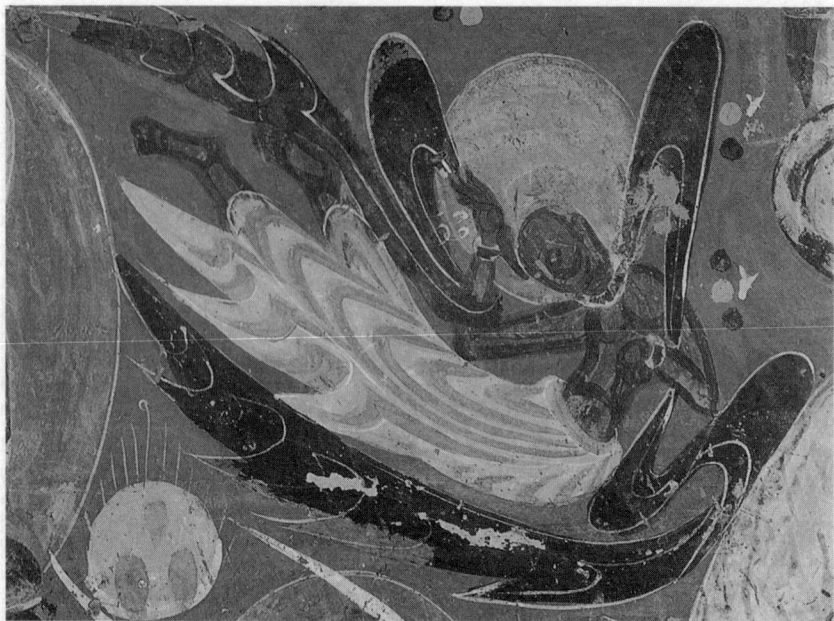

■ 莫高窟飞天壁画

人类敦煌

敦煌文化特色与形态

箜篌 我国十分古老的弹弦乐器，最初称"坎侯"或"空侯"，历史悠久、源远流长。古代除宫廷雅乐使用外，在民间也广泛流传，后来常用于独奏、重奏和为歌舞伴奏，并在大型民族管弦乐队中应用。在古代有卧箜篌、竖箜篌、凤首箜篌3种形制。

虽然飞天的肉体与飘带已经变色，但衣裙飘带的晕染和线条十分清晰，飞天飞势动态有力，姿势自如优美。

北周飞天最突出的是面部和躯体采用凹凸晕染法，后来因为变色，出现了五白，即白棱、白鼻梁、白眼眶、白下巴。身躯短壮，动态朴拙，几乎又回到了莫高窟北凉时期飞天绘画风格特点。但形象却比北凉时期丰富得多，出现了不少伎乐飞天。

隋代是莫高窟绘画飞天最多的一个时代，也是莫高窟飞天种类最多、姿态最丰富的一个时代，除了画在北朝时期飞天的位置，主要画在窟顶藻井四周、窟内上层四周和西壁佛龛内外两侧，多以群体出现。

从总体上说，隋代飞天是处在交流、融合、探索、创新的时期。总趋势是向着中国化的方向发展，为唐代飞天完全中国化奠定了基础。

第427窟则是隋代大型洞窟之一，也是隋代画飞天最多的洞窟，此窟四壁上沿天宫栏墙之上飞天绕窟一周，共计108个。她们有的双手合十，有的手持莲花，有的手捧花盘，有的扬手散花，有的手持箜篌、琵琶、横笛、竖琴等乐器，朝着一个方向绕窟飞翔。

第404窟是隋代中后期的一个中型洞窟，窟内四壁上沿画天宫栏墙，栏墙上飞天绕窟一周，如同第427窟的飞天一样，姿态各异，有的手持莲花，有的手托花盘，有的扬手散花，有的手持各种乐器，朝着一个方向逆风飞翔，体态轻盈，姿势优美。

第404窟在首饰服饰上有了很大的变化，头无圆光，不戴宝冠，有的束桃型仙人髻，有的束双环仙人髻，有的束仙童髻，脸为蛋形，眉清目秀，身材修长，衣裙轻软，巾带宽长。衣饰、面容、身态如同唐代初期的飞天，已经完全中国化。

总之，隋代敦煌壁画进一步摆脱了外来艺术的影响，走向创造自己民族艺术形式的道路。这种充分体现自己民族特色的壁画艺术，获得了广大人民的喜爱。

阅读链接

长期以来，一直无法确定绝大部分敦煌壁画的作者。研究认为，敦煌画师的来源主要有4种：来自西域的民间画师；朝廷的高级官吏获罪流放敦煌时携带的私人画；高薪聘请的中原绘画高手；来自五代时期官办敦煌画院的画师。

在敦煌文献中，所有的画师都被称为画匠或画工，可见画师们主要来自民间，社会地位并不高，他们创作壁画时很可能就住在阴暗潮湿的洞窟里。壁画中大量的田间劳动场景，活生生地再现了当时的经济状态和科技水平。

绚烂精美的榆林窟壁画

壁画是榆林窟艺术的代表，也是其价值的最大体现。榆林窟壁画多为唐代至元代800余年间的作品。内容十分丰富，有场面宏大的巨幅经变画，形象生动的单幅佛像画、装饰图案和种类繁多的奇花异草、

唐代敦煌莫高窟菩萨壁画

■ 唐代敦煌莫高窟训马车壁画

飞禽走兽，还有一定数量的当时社会生活、生产、科技等现实画面。从唐到元，历代都有佳作，其中第25窟的唐代壁画，更是世所罕见的珍品。

唐代洞窟中第25窟艺术价值颇高，前室正壁门两侧分别绘毗琉璃天王像和毗沙门天王像。主室窟顶绘有千佛。正壁中部绘卢舍那佛像和虚空藏、弥勒、地藏、文殊等八大菩萨像。北侧绘释迦牟尼像。

南、北两侧壁分别绘有观无量寿经变、弥勒经变。前壁门两侧绘文殊变、普贤变。全窟壁画构图严谨、造型逼真，色彩绚丽。威武有力的天王、力士、庄严慈祥的菩萨，栩栩如生的昆仑奴及狮子、白象，神态生动，线条潇洒流畅，充分体现了唐代风格和精湛技艺。

北壁的"弥勒净土变"是一幅构思精密的大幅画。画面结跏趺坐的弥勒佛居中正在说法，宝盖悬

结跏趺坐 简称跏趺，指佛教中修禅者的坐法：两足交叉置于左右股上，称"全跏坐"，又称"吉祥坐"；或单以左足押在右股上，或单以右足押在左股上，叫"半跏坐"；假如先将右脚掌置于左大腿上，后再将左脚掌置于右大腿上，也就是反方向，则名为"降魔坐"，或称"金刚坐"。功能不同，名称有异。

箫 一种非常古老的汉民族吹奏乐器，历史悠久，音色圆润轻柔，幽静典雅，适于独奏和重奏。箫一般由竹子制成，吹孔在上端。有六孔箫和八孔箫之分，以"按音孔"数量区分为六孔箫和八孔箫两种类别。六孔箫的按音孔为前五后一，八孔箫则为前七后一。

■ 西夏莫高窟第16窟供养菩萨壁画

空，圣众围绕，众多人物姿态、性格和神情迥然不同，佛的庄严，菩萨的恬静，天王、力士的勇武，表现得淋漓尽致，显示出画家惊人的技艺。

经变中还穿插着许多小型构图。左上角的《农作图》，绘1个农民扶犁耕地，后面跟1个撒种的妇女，旁绘1个农民持镰收割，场上堆放着粮捆，1个农民双手执六齿叉扬场，1个妇女持扫帚掠扫。这些生产场景具体而真实地反映了唐代农业生产的方式和农民的劳动生活。

经变下方左右对称的《男女剃度图》，有剃头的、盥洗的、更衣的、侍立的，还有徘徊观望的，各种各样的姿态动作，表现了各自不同的思想感情。

此外，还有《扫街图》《宴会图》《写经图》《探亲图》等描绘社会生活的画面。这些小构图是经变的有机组成部分，它使神秘而肃穆的天国充满了浓郁的人间生活的气息。

南壁的《西方净土变》，画面展示了佛徒理想中的极乐世界。画面上楼台亭阁平列环抱，菩提树下阿弥陀佛朗朗说法，十大菩萨次第拥坐，静听佛语。天上仙鹤起舞，飞天散花；地上荷花盛开，碧波荡漾。

殿堂前舞女伎腰悬长鼓，舒臂轻击，双脚起落交错做踏歌状。两边8位乐师亦皆是女性，或笙，或笛，或箫，

■ 五代莫高窟第61
窟西壁河东道山门
西南壁画

或琴，各执一技，悠然自得，观之使人有飘然欲仙之感。西壁门两侧对称绘的"文殊变"和"普贤变"也各具特色。

第25窟的壁画，色彩绚烂富丽，人物丰腴健美，构图宏伟严密，富于想象，线条道劲流畅，具有吴道子一派的风格，"良工运精思，巧极似有神"，充分体现了唐代绘画的高度艺术成就。

五代及宋初，曹议金家族继张议潮之后，管理瓜、沙等州百余年之久，曹氏家族利用河西一隅的暂时安定，大力兴建石窟，彩绘壁画，以粉饰太平，这一时期开凿的榆林窟洞窟较多，占榆林窟全部洞窟的一半。

榆林窟第16窟是五代早期的一个洞窟，窟内所画的飞天，虽然没有唐代飞天的生动活泼、身姿俏丽等特点，但装饰性十分好。

例如第16窟中一身弹古筝和一身弹箜篌的飞天，

笛 一种吹管乐器。我国笛子历史悠久，可以追溯到新石器时代。那时先辈们点燃篝火，架起猎物，围绕捕获的猎物边进食边欢腾歌舞，并且利用飞禽胫骨钻孔吹之，当时，该物品最重要的用途是用其吹出来的声音诱捕猎物和传送信号，这就是出土于我国最古老的乐器——骨笛。

■ 西夏敦煌藻井莫高窟图案

古筝 又称筝、秦筝，是我国一种传统弹弦乐器，有悠久历史。其形制为长方形，结构由面板、雁柱、琴弦、前岳山、弦钉、调音盒、琴足、后岳山、侧板、出音口、底板、穿弦孔组成。古筝音域宽广，音色清亮，表现力丰富，一直深受大众喜爱。古筝名曲有《渔舟唱晚》《高山流水》《寒鸦戏水》等。

画得很完美，飞天皆头束发髻，弯眉大眼，直鼻小唇，脸形丰圆，耳垂环绕，半裸上体，胸饰璎珞，臂饰镯钏，腰系长裙，赤脚外露，双手娴熟地弹拨琴弦，姿态优雅。

第16窟最大的特点是飞舞的巾带是身体长的3倍，飞舞的巾带中间有飘旋的花朵，飞舞的巾带下面有彩云流转，飞天好似逆风翱翔在彩云上，整个画面对称均等，装饰性很强。

此外，曹氏家族修建的洞窟甬道上大都绘着他们的巨幅供养肖像。如第16窟曹议金夫妇供养像，曹氏夫人像的榜题上写着"北方大回鹘国圣天公主李氏一心供养"，显示出这位回鹘公主的显赫身份。

五代及宋初兴建和重修洞窟23个。壁画题材主要有经变画、尊像画、佛传故事画、佛教史迹画、瑞像故事画和供养人画像5类。

其中的供养人画像，数量较多，分为3种，即：曹氏归义军政权的执政者及其眷属、大小官吏的画像；与曹氏联姻的少数民族地方政权统治者画像，如于阗王和王后，吐谷浑慕容归盈出行图等；曹氏画院的"都勾当画院使""知画手""都画匠作""画匠"等画像。

这一时期的供养人画像，不仅具有高度的艺术价值，而且这些画像和题记为研究瓜沙曹氏统治河西的历史提供了可靠的资料。

五代宋初诸窟的壁画，内容风格大都承袭前代。但在一些洞窟出现了敦煌石窟少有的题材。如五代第32窟西壁的《梵网经变》，北壁东侧的《维摩诘经变》中还有《围棋图》等文化娱乐场面。五代第19窟

棋 是以对弈为主，其中有互相的博弈。博弈是东方文化生活的重要组成部分。棋艺带来的启悟和内涵被无限拓展，棋盘之外的天地被融合为一，成为我国棋文化的最大特点之一。方寸棋盘，还具有磨炼人的意志，陶冶人的情操，振奋民族精神的作用。下棋不单是一种活动，还是一种起源于我国的艺术，是我国的国粹。

■ 五代敦煌莫高窟窟北方天王壁画

■ 西夏敦煌莫高窟
飞天壁画

水排 我国古代
一种冶铁用的水
力鼓风装置，公
元31年由南阳太
守杜诗创制，其
原动力为水力，
通过曲柄连杆机
构将回转运动转
变为连杆的往复
运动。人类早期
的鼓风器大都是
皮囊，我国古代
又叫"橐"。一
座炉子用好几个
橐，放在一起，
排成一排，就叫
"排囊"或"排
橐"。用水力推
动这种排橐，就
叫"水排"。

前甬道的《地狱变》等。

西夏、元时期，共兴建和重建洞窟16个，榆林窟出现了最后的兴盛局面。这一时期的壁画在题材和风格上都有自己独到之处。壁画题材主要有经变画、佛像画、供养人画像、装饰图案等几类。

供养人画像中有人物和衣冠服饰迥异的党项羌、回鹘、蒙古族贵族官吏和侍从的画像。西夏早期壁画艺术与宋代壁画一脉相承，后期的第2窟、第3窟、第29窟与元代的第4窟、第10窟等典型洞窟的壁画艺术表现了3种新风格。

一是中原绘画风格，人物衣冠如道教神仙，线描精致流畅，变化丰富，色彩清淡典雅，这是受宋辽影响而出现的新的艺术风格。

二是藏传密宗风格，人物比例适度，形象有明显的尼泊尔和印度的影响，线描圆润秀劲，设色冷峻浓艳，具有浓厚的神秘气氛。

三是西夏艺术风格。这时期人物造型和服饰具有西夏的民族特征。第2窟《水月观音图》，第3窟《文殊变》《普贤变》《西方净土变》《千手千眼观音变》。第4窟《释迦》《多宝曼荼罗》《不空绢索曼荼罗》等是代表这个时期高度艺术水平的作品。

西夏榆林窟壁画中，有一些科技画卷十分有价值，比如西夏第3窟东壁南侧的《千手观音》壁画，可以说该壁画是敦煌石窟壁画中反映科技史的杰作。

画工在观音的每只手中描绘了一件当时社会生活中的物品，给后人留下了许多工农业生产工具及其他物品的形象。其中的《酿酒图》和《锻铁图》最为有名。

据考证，《酿酒图》中的酿酒装置为酿造烧酒的蒸馏器。《锻铁图》中冶炼炉上鼓风用的是竖式梯形木风箱。

1044年，我国就有了木风扇的记载。到14世纪初的元代，又将木风扇用于"水排"。我国采用木风扇鼓风进行熔冶，比欧洲早五六百年。边远的西夏银铁炉上，出现这种先进鼓风技术，说明早在八九百

五代敦煌莫高窟维摩诘经变画壁画

年前，鼓风箱在我国已得到普遍推广。

观音的若干手中还拿有许多人物、动物、花卉草木、瓜果食品、建筑物、兵器、法器、乐器、雨伞、瓶、盘、坛、罐、壶之类的各式容器，以及日月图形等，可以说是琳琅满目。

实际上，历代壁画中都有反映古代科技方面的画面，农业耕获方面的场景在五代第20窟、第36窟、第38窟中也有。壁画中还有放马、牧牛、拉赶毛驴上坡、挤牛奶、井上打水以及院落马厩、牲畜饲养等方面的画面。

清代时，榆林窟也得到了一定程度的开凿，第25窟、第3窟、第29窟可为其代表。窟中壁画《西方净土变》和《观无量寿佛经变》所描绘的天国世界、楼台亭阁，再现了唐代高超的艺术技巧，再现了唐代歌舞升平的欢乐景象，幻化在漂渺虚无的佛国世界里。

阅读链接

犍陀罗艺术是以希腊、罗马式装饰手法，表现中亚和印度次大陆地区的题材。后越过帕米尔高原流传到我国新疆地区，为我国的绘画、雕刻、建筑、工艺美术带来了希腊罗马风韵。

清嘉庆年间，在榆林窟发现象牙佛一尊。象牙佛正名象牙造像，为象牙牙稍雕琢而成，状如手掌，高15.9厘米，上宽11.4厘米，下宽14.3厘米，厚3.5厘米。造像分两片扣合，内刻54个不同情节的佛传图，共刻279人，12辆车马，形态各异，栩栩如生。两片合在一起外形是一骑象普贤，手捧宝塔，袒胸赤足，头发呈波纹状；象背鞍俱全，装饰美观。整个造像刻艺高超，刀法细腻，形制上表现了印度犍陀罗艺术风格。

敦煌遗书主要是指1900年王圆箓道士在敦煌莫高窟第17窟中发现的经卷和文书。敦煌遗书的年代上起东晋初期，下至北宋中期，内容分为宗教典籍和世俗典籍两大部分，包括宗教典籍、官私文书、中国四部书、非汉文文书4大类，其中的宗教典籍占绝大多数。

敦煌遗书是研究中古中国、中亚、东亚、南亚相关的历史学、考古学、宗教学、人类学、语言学、文学史、艺术史、科技史、历史地理学的重要研究资料，价值巨大，对推动"敦煌学"的发展具有积极而重要的作用。

文献瑰宝

敦煌遗书

断各放宝色光明　各各光明云而
覆其上各各庄严具各各劫老别各
各佛出现各各演法海各各众生遍
充满各各十方普趣入各各一切佛
神力所加持此二世界种中一切
世界依种种庄严住递相接连成世
界网于花藏庄严世界海种种老别
周遍建立尔时普贤菩萨欲重宣其
义承佛威力而说颂言
花藏世界海　法界等无别　庄严极清净
安住于虚空　此世界海中　刹种难思议
二皆自在　各各无杂乱　花藏世界海

莫高窟藏经洞的发现

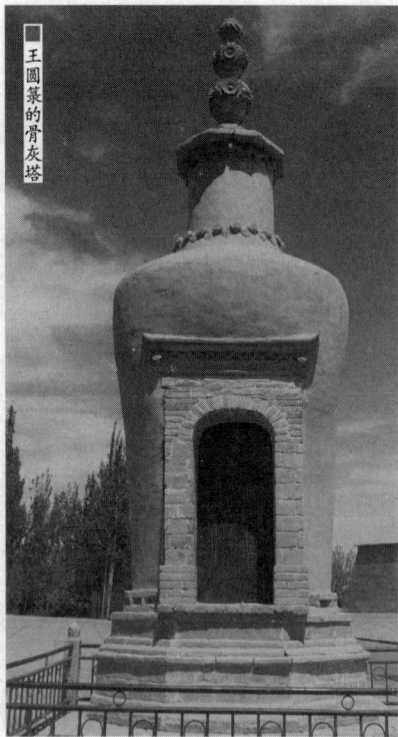
王圆箓的骨灰塔

1900年的一天夜里，在莫高窟居住的道士王圆箓在第16窟甬道内一个侧壁上发现一个小门，打开后，出现了一个方形窟室，发现窟内有从4世纪到11世纪的历代文书和纸画、绢画、刺绣等大量文物。

王圆箓一作王元录，又作王圆禄，1851年生于湖北麻城。由于家中贫困，为了生存，逃生四方。清光绪初年，他进入肃州巡防营当了一名兵勇。后离军，受戒为道士，道号法真，远游新疆。

1897年，王圆箓到达敦煌莫高窟，在窟南区北段，清理沙石，供奉香火，收受布施，兼四出布道幕化，渐渐有了些积蓄，于是在莫高窟第16窟东侧建太清宫道观，即后来的"下寺"。

王圆箓雇用敦煌贫士杨果为文案，冬春之间抄写道经以供发售。夏秋之间，朝山进香者络绎不绝，于是他让杨果在第16窟甬道内设案，接待香客，代写醮章，兼收布施，登记入账。

1900年，杨果坐在第16窟甬道内，返身于北壁磕烟锅头，觉有空洞回音。他怀疑洞内藏有密室，于是告诉了王圆箓。王圆箓来到第16窟甬道，在侧道壁上发现了一个小门，打开后，果然看见内室，积满写卷、印本、画幡、铜佛等。

就这样，藏经丰富的"藏经洞"被发现了。

藏经洞被发现之后，王圆箓首先赶往县城，去找当时的敦煌县令严泽，希望能引起这位官老爷的重视。可惜的是，不学无术的严泽毫不在意，竟将藏经洞里珍贵的经文当作一堆废纸。

在此之后，新上任的敦煌县令汪宗翰是位进士，对金石学很有研究。王圆箓就向汪宗翰报告了藏经洞的情况。汪宗翰当即带了一批人马，亲去莫高窟察看，并顺手拣得几卷经文带走。他还留下一句话，让王圆箓就地保存，看好藏经洞。

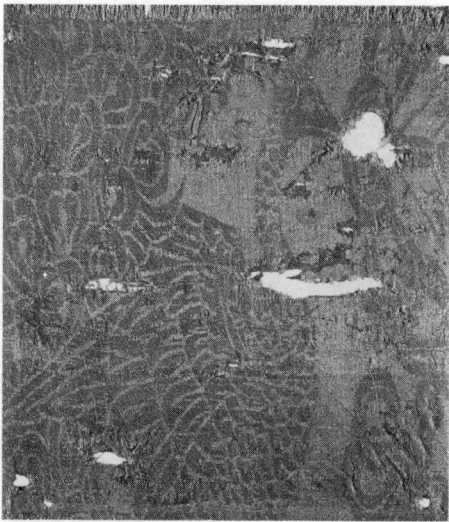
■ 敦煌莫高窟藏经洞内的孔雀纹绫

113

文献瑰宝

敦煌遗书

刺绣 我国民间传统手工艺之一。针线在织物上绣制的各种装饰图案的总称，即用针将丝线或其他纤维、纱线以一定图案和色彩在绣料上穿刺，以缝迹构成花纹的装饰织物。刺绣在我国至少有两三千年的历史，形成了苏绣、湘绣、蜀绣和粤绣四大刺绣。

■ 藏经洞内的幡带

金石学 是我国考古学的前身。它是以古代青铜器和石刻碑碣为主要研究对象的一门学科，偏重于著录和考证文字资料，以达到证经补史的目的，特别是其上的文字铭刻及拓片；广义上还包括竹简、甲骨、玉器、砖瓦、封泥、兵符、明器等一般文物。

两次找县令没有结果，王圆箓仍不甘心。于是，他又从藏经洞中挑拣了两箱经卷，赶着毛驴奔赴肃州。他风餐露宿，历经艰难终于到达肃州，找到了时任安肃兵备道的道台廷栋。令王圆箓同样失望的是，这位廷栋大人浏览了一番，最后得出结论，经卷上的字不如他的书法好，就此了事。

几年过去了，时任甘肃学政的金石学家叶昌炽知道了藏经洞的事，对此很感兴趣，并通过敦煌县令汪宗翰索取了部分古物。但叶昌炽并没有对藏经洞采取有效的保护措施。

直至1904年，甘肃省府才下令敦煌的经卷就地保存。可遗憾的是，这一决定没有得到贯彻和落实。

据后来的专家考证，敦煌莫高窟藏经洞原本并非用于藏经，而是用于纪念。原是附属于第16窟的一个小洞，专家考证时被编号为第17窟。

藏经洞为正方形，边长3米，四面墙高2.6米，窟顶为覆斗形，最高处离地约3米。洞内西壁南端有一龛，内嵌一座高1.5米、宽0.7米的石碑，俗称"洪辨碑"。迎着洞门紧靠北壁的地上筑有一个低坛，坛上放着一尊彩色僧人塑像，塑像背后的北壁上有壁画。

这尊塑像是唐代洪辨和尚的塑像。塑像栩栩如生，连眼角鱼尾纹都清晰可见，据推测，它是洪辨圆寂后弟子们依照其生前模样塑造的真人像。那个低坛就是洪辨坐禅的禅床。因此藏经洞实际上是洪辨的影窟，相当于世俗的宗庙和祠堂，是为纪念而设。

洪辨和尚俗姓吴，即敦煌人俗称的"吴和尚"。

据史料记载，唐大中年间的848年，敦煌富绅张议潮聚结汉族、回纥族、羌族、吐谷浑族等各族受尽吐蕃欺凌的民众，乘吐蕃内乱，一举收复瓜州和沙州。后来张议潮归顺唐王朝，受封为节度使，而洪辨和尚也因功受到朝廷册封，成为"河西都僧统"。

藏经洞出土文书多为写本，少量为刻本，共有5万余件。其中，汉文书写的约占六分之五，其他则为古代藏文、梵文、齐卢文、粟特文、和阗文、回鹘文、龟兹文、希伯来文等。文书内容主要是佛经，此外还有道经、儒家经典、小说、诗赋、史籍、地籍、账册、历本、契据、信札、状牒等，其中不少是孤本和绝本。

这些藏品的制作年代上起东晋初，下至北宋中期，其中数量最多、价值最大的是古代经籍文书，被称为"敦煌文献"。

敦煌文献的内容，涉及天文、历法、医药、历史、地理、政治、经济、军事、外交、宗教、社会、民俗、民族、哲学、逻辑、经学、诸子、文学、曲艺、戏剧、音韵、语言、文字、音乐、舞蹈、绘画、书

法、翻译、王朝律令、地方法规、均田文书、争讼、婚姻、结契、农业、水利、畜牧、兽医、印刷、装帧、商业、货币、会计、旅游、纺织、冶铸、建筑、档案、交通、通信、占卜、相术、榜示、转帖、印章、模拓、拓印、花押等，范围之广，几乎无所不包。

敦煌发现的这些典籍，是了解古代社会、文化和美术的重要依据。它博大精深，取之不尽，大大丰富了敦煌文化的内涵，在此基础上，形成了一门新的学问，即敦煌学。

另外，藏经洞的文献资料不仅限于我国和汉民族，还涉及我国境内不少的古代民族，如匈奴、乌孙、羌族、楼兰、龟兹、于阗、粟特、突厥、吐蕃、回鹘，以及印度、巴基斯坦、阿富汗、吉尔吉斯斯坦、哈萨克斯坦、波斯等国，具有极大的国际意义。

阅读链接

由于藏经洞封闭了近千年，这个谜便堪称千古之谜。敦煌学专家、学者们钻进浩如烟海的敦煌遗书资料中仔细地查阅，从未找到解谜的文字记载，只好另辟蹊径，根据其他历史资料进行推断，提出了多种假说，试图解开这个千古之谜。主要说法有以下这3种：避难说、废弃说和书库改造说。

"避难说"认为，1035年西夏人入侵敦煌时，敦煌寺院是为避外寇而仓皇封闭的。"废弃说"认为，藏经洞是堆放敦煌各寺院中汉文碎纸块，以及包皮、丝织品做的还愿物、绢画残片、画幡木网架等的处所。堆放并封闭的时间大约在11世纪初。"书库改造说"认为，大约在1000年左右，折叶式的刊本经卷已从中原传到敦煌，因阅读、携带方便，受到僧侣们的青睐，因此，将使用起来不方便的卷轴式佛经以及许多一直分散的杂物一并封入石窟。

价值丰富的宗教典籍

敦煌遗书的主体是手写的佛教典籍，正由于此，又把敦煌遗书概称为石室写经，把敦煌遗书的洞窟称为藏经洞。除佛教文献以外，宗教文献还有道教典籍、景教典籍、摩尼教和祆教典籍。

敦煌遗书中的佛教文献有很多是为历代大藏经收录的传世佛经，如《大般若波罗蜜多经》《金刚般若波罗蜜多经》《妙法莲花经》《金光明最胜王经》《维摩诘所说经》《大乘无量寿经》等。这类敦煌佛经，

敦煌莫高窟藏经洞《恪法师第一抄卷》

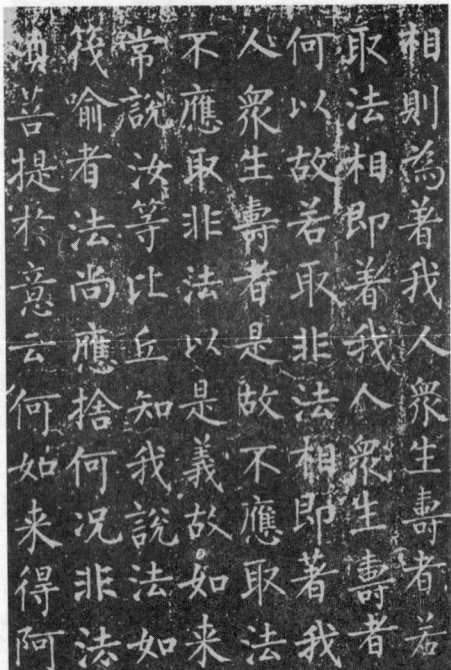

■敦煌石窟藏经洞内发现的《金刚经刻石》

《大藏经》为佛教经典的总集，简称藏经，又称为一切经，有多个版本，比如乾隆藏、嘉兴藏等。现存的《大藏经》，按文字的不同可分为汉文、藏文、巴利语3大体系。这些大藏经又被翻译成西夏文、日文、蒙文、满文等。

有的复本多达数百件乃至一两千件。

依据唐代的《大藏经》目录《开元录·入藏录》，当时一部完整的《大藏经》应有佛教典籍1076部，5048卷。敦煌遗书中保存的佛教典籍见于《开元录·入藏录》的只有350部，这说明，从当时中原佛教《大藏经》的藏经体系来看，敦煌藏经洞中的佛教典籍并不是系统的佛教藏书。

虽然敦煌遗书中的佛教典籍不能构成一部完整的大藏经，但隋唐时期流行的主要佛经却都有存留，有的还有多种版本和复本。这些敦煌写本佛教典籍，由于是抄写时代较早的古本，故出错概率也相对较小。

同时，一些写本佛经是在该经译后不久就抄写流传到敦煌的，因此更接近译经大师最初译本的原貌。加之一些译本经过高僧大德的反复校对，堪称善本。

敦煌佛教经典中还保存有很多传世《大藏经》中所没有的佛教典籍，这些未入藏的佛教典籍，有的比传世佛经具有更高的文献价值和研究价值。

如竺昙无兰译《佛说罪业应报教化地狱经》和不空译《梵汉翻对字音般若心经》等经，曾见于佛教经目著录，后来失传，却在敦煌莫高窟得以重新发现，实在价值巨大。

还有一些佛经，如昙倩在安西翻译的《金刚坛广大清净陀罗尼经》，法成翻译的《般若波罗蜜多心经》《诸星母陀罗尼经》《萨婆多宗五事论》《菩萨律仪二十颂》《八转声颂》等，是在敦煌或瓜州翻译的，未能传入中原，而仅流传于西北一带，并被保存在敦煌遗书中。这些佛经在一定程度上，补充了汉文大藏经的缺失。

敦煌遗书中还有我国古人撰写的佛教著作，这类佛教著作内容极为广泛，包括经律论疏释、史传、目录、音义和杂文等诸多方面，其中尤以各种疏释数量最多。

敦煌佛经中，有一部分还附有梵文原经，而梵文原本在印度本土早已散佚了，利用这些梵文本佛经再译，有利于修正古译本的不足，更加正确地认识这些佛经的宗旨。同时，这些附有梵文本的写卷在汉梵对音研究方面也极有价值。

有一部分敦煌写经都附有写经题记，这些题记具有重要学术价值。题记是抄经者或出资写经者委托抄经人所写的文字，篇幅从几个字到数百字不等，一般写在佛经正文之后。

善本 最早指的是校勘严密，刻印精美的古籍，后含义渐广，包括刻印较早、流传较少的各类古籍。真正的善本仍应主要着眼于书的内容，着眼于古籍的科学研究价值和历史文物价值。

■ 敦煌石窟藏经洞内发现的刺绣断片

书手 古代从事书写、抄写工作的书吏，或者指担任书写、抄写工作的人员。在历朝历代中，唐代的书手比较有名。他们的书写大都是以实用为目的，在大多情况下按照某种既定的格式或规律进行，展现出不同于时代潮流之上名家书法的特殊一面。

佛经题记的内容各不相同，有的较简单，只有书写者或年代等。有的比较详细，记述内容较多。官府写经题记较为详细，一般记录写经时间、书手、用纸数、装潢手，初校、再校、三校、详阅和监制者的姓名。这些写经题记，使人们增加了对唐代官府的写、校经制度的了解。

少数民族文字的典籍在敦煌佛教文献中也有很多，其中最多的是吐蕃文佛典。敦煌所存吐蕃文文献大多与佛教有关，含经、律、论、真言、经疏以及吐蕃人的著述等多方面内容。

敦煌发现的回鹘文佛教史料也很丰富，此外还有用梵文、粟特文、西夏文写成的佛教典籍，虽然数量不是很多，但价值不菲。

道教是中华民族固有的传统宗教，在敦煌遗书中，共保存了800多件道经及相关的文书抄本。自北周以后，几乎历代都有对道教经典进行搜集和整理的活动。唐代也曾大规模集结道经，编纂道藏。但由于种种原因，唐、宋、金、元历代编纂的道藏均已亡佚，而部分道藏在敦煌遗书中有发现。

《道德经》是道教的基本经典之一，敦煌遗书中保存了一批该经的抄本，可以校勘传世本的缺失。敦

■ 敦煌石窟藏经洞发现的《道德经》

煌遗书中还保存了至少11种《道德经》的注疏，其中8种是传世道藏所无的佚书。其中有北朝写本《老子道德经想尔注》以及《老子化胡经》等佚道经。

《太平经》是一部大型道书，是我国早期道教东汉"太平道"的重要经典。该经原本170卷，分为10部。但此经在传世道藏中仅存残本，缺失大部分，且无完整目录。而敦煌遗书中的《太平部卷第二》弥补了这一缺失。该道藏写于南北朝时期，分前序、目录、后跋3部分，有《太平经》10部、170卷、366篇的完整目录，列举了全部篇名。它揭示了《太平经》的原貌。

此外，还有《无上秘要》《太上洞玄灵宝升玄内教经》《太玄真一本际经》等道书，敦煌遗书中均保存有各经写本，价值不菲。

就文本形态而言，敦煌道教典籍大多抄写于唐前期，官书正规道书纸质优良，多用染黄，且墨色、书法俱佳。

景教是唐代时传入我国的基督教聂斯脱里派，也就是东方亚述教会，起源于今日的叙利亚，被视为最早进入我国的基督教派。

唐朝时，景教曾在长安兴盛一时，并在全国建有

《道德经》又称《道德真经》《老子》《五千言》《老子五千文》。传说是春秋时期的老子所撰写，是道家哲学思想的重要来源。道德经分上下两篇，原文上篇《德经》、下篇《道经》，不分章，后改为《道经》37章在前，第38章之后为《德经》，并分为81章。

"十字寺"，但多由非汉族民众所信奉。到了唐武宗会昌五年，也就是845年，景教被朝廷取缔，相关典籍也大多散失。而在敦煌遗书中却保存了《尊经》《大秦景教三威蒙度赞》《大秦景教宣元本经》等数件汉译景教经典，这就为研究唐代景教提供了重要资料。

敦煌遗书中，还保存有摩尼教的部分典籍。摩尼教即明教，又称作牟尼教，发源于古代波斯萨珊王朝，为3世纪中期波斯人摩尼所创立，后经由中亚传入我国。

摩尼教在唐代曾流行了约100多年，在唐武宗时的845年被取缔。摩尼教徒十分重视经典编撰和翻译，该教被唐武宗取缔后，汉文经典亦均散失。敦煌遗书中保存了《摩尼光佛教法仪略》《下部赞》和《证明过去因果经》3件摩尼教文献。

此外，敦煌遗书中还保存了一些有关祆教的记载，这些记载对了解祆教的教义以及流传情况等具有十分重要的价值。

敦煌遗书中的这些宗教典籍内容丰富，价值宏大，为研究古代宗教以及古人思想、生活打开了一扇扇新的窗口。

阅读链接

唐代书手出于对宗教的虔诚，在抄写佛经时，对纸张都相当讲究。宫廷写经，更是纸质精良，抄写认真，校勘精心。这类敦煌遗书，比其他遗书具有更高的文物价值。敦煌遗书中的宫廷书手写的经卷，都是由专聘的官方楷书手用毛笔精心抄写而成，它们同时也是精美的书法艺术品。

不同时代的写经书手，其书体也在逐渐演变。因此，敦煌藏经洞发现的写经不仅是研究我国古代书法史的重要资料，还可以当作练习书法的范本。

社会文献的内容及价值

　　敦煌遗书中社会文书内容丰富，有些可以补充史料记载的不足，有些可以纠正正史记载的讹误，有些则可以改变某些传统说法，因此，具有十分重要的价值。

　　敦煌遗书中社会性文书涵盖的范围非常广泛，包括有氏族谱、书

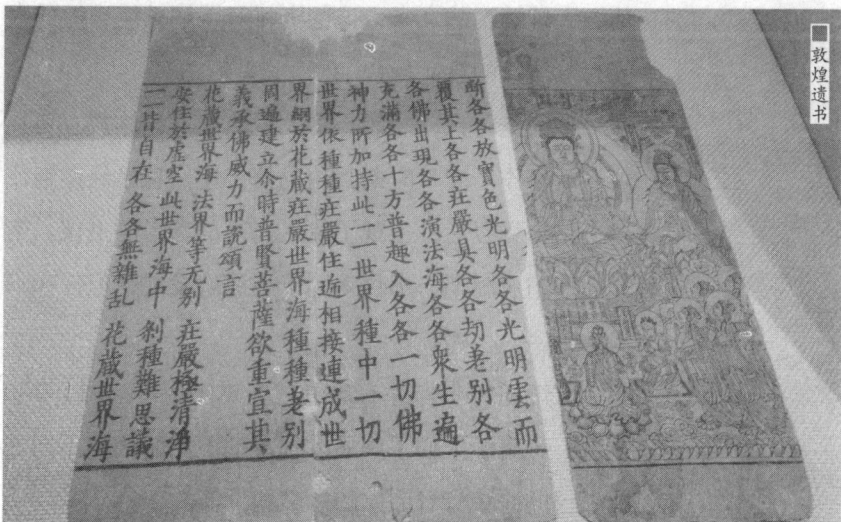

■ 藏经洞内发现的
对马对鹿纹绢

仪、占卜文书、社邑文书、寺院文书等。

唐五代时期是从贵族政治向官僚政治转变的时期，也是从士族社会向庶民社会转变的时期，记录世家大族的氏族谱就是反映这一转变时期的重要资料。敦煌遗书中就保存有这一时期的氏族谱。

其中比较重要的氏族谱有《天下氏族谱》《天下姓望氏族谱》《姓望谱》《新集天下姓望氏族谱一卷并序》等。这些氏族谱的主要内容是记录各州郡的世家大姓。

除了这些记录全国大姓的氏族谱，敦煌遗书中还有诸如《敦煌名族志》《敦煌氾氏家传》等反映敦煌地方大姓情况的文书，这些资料对了解敦煌当地的大族有着重大的意义。

书仪是古人，一般是士大夫关于书札体式、典礼仪注的著作。春秋时期，用书信传递信息已经逐渐流行了。魏晋以后，出现了供人们写信参考的书仪。南北朝和隋唐时期，书仪得到了迅速的发展，但保存下来的不多。

敦煌遗书中保存有唐五代写本书仪60多种，140多件，这对于人们了解唐五代时期不同时代、不同类型书仪的原貌有着巨大的意义和价值。

124
人类敦煌
敦煌文化特色与形态

士族 又称门第、衣冠、世族、势族、世家、巨室、门阀等。门阀是门第和阀阅的合称，指世代为官的名门望族，门阀制度是我国历史上从两汉到隋唐最为显著的选拔官员的系统，直到唐代，门阀制度才逐渐被以个人文化水平考试为依据的科举制度所取代。

总体来看，敦煌书仪包括3类：第一类是朋友书仪，就是朋友间往来的书信；第二类是综合书仪，又叫吉凶书仪；第三类是表状笺启书仪。

朋友书仪是"书仪"中的一类。如敦煌写本有书仪100多个写卷，其中就有十几个写卷属朋友书仪，它的前部是写节候用语，又称"十二月相辩文"，后部分都按月编排，12个月中都有一往一复两封书札，内容也较丰富。如2月份的往复书信，是抒发游子远在边塞，思恋故乡的情怀。

综合书仪包括婚丧的问候、节日时君主和家长对臣妾和晚辈赐物的礼品名称、国忌日及其活动、节假日来源即休假规定等，内容涉及广泛，是极为珍贵的史料。

表状笺启书仪主要是供人们起草公务往来的表状笺启等公文参考的样文和公务往来的口头用语。唐代时，下级向上级申报的公文，有表、状、笺、启、牒、辞6种。其中的前4种就属于表状笺启书仪。

敦煌遗书的这类书仪中，保存了不少藩镇与中央以及藩镇幕僚与节度使等各方面关系的珍贵资料。

敦煌遗书中，占卜文书也很多，唐五代流行的占卜典籍很多，由于种种原因，这些占卜典

藩镇 亦称方镇，是唐朝中、后期设立的军镇。藩是"保卫"之义，镇是指军镇。唐代朝廷设置军镇，本为保卫自身安全，唐玄宗为防止边陲各异族的进犯，大量扩充防戍军镇，设立节度使，共设九个节度使和一个经略使，时称天宝十节度。

文献瑰宝

敦煌遗书

■ 藏经洞内发现的宗教画《行脚僧》

籍很多都没有保存下来。敦煌遗书中保存了300多件唐五代时期的占卜文书，为研究这一时期历史和社会生活提供了重要资料。

敦煌遗书中保存的占卜文书主要有占卜法、占候、相书、梦书、宅经、葬书、时日宜忌、禄命、事项占等。

社邑文书在敦煌遗书中也有很多，大约有480多件。社邑是我国古代的一种基层社会组织，它是民众自愿结合而成进行生活互助或宗教活动的租住。自先秦至元代，在社会生活中始终起着相当重要的作用。

隋唐五代时期，有部分民众自愿组成的民间团体——私社盛行。这些私社大体有两种类型，一类是主要从事佛教活动的佛社；一类则是主要从事经济和生活的互助活动社。还有些私社同时从事上述两方面的活动。

敦煌社邑文书可分为5类，分别为：社条、社司转帖、社历、社文、社状、牒。

社条又称社案、社格、条流等。唐后期五代宋初敦煌的私社在立社之初，一般要依据社条文样，制定该社所遵奉的社条。一般各社所立社条详略不同。

社司转帖是社邑通知社人参加活动的通知单，一般要写明因何事、带何物、何时、何地聚齐，另外，

■ 藏经洞内发现的刺绣佛立像

占卜 意指用龟壳、铜钱、竹签、纸牌或星象等手段和征兆来推断未来的吉凶祸福的迷信手法。原始民族对于事物的发展缺乏足够的认识，因而借由自然界的征兆来指示行动。但自然征兆并不常见，必须以人为的方式加以考验，占卜的方法便随之应运而生。

还有迟到者、不到者以及递帖延误者的罚则，发帖的时间和发帖者的职务、姓名等。

社历是社邑的账目，当时称账目为"历"。敦煌社历包括身故纳赠历、社司便物历、社人欠物、纳物、社司罚物等。

社文是一类通知类文书，敦煌社文可分为社日相迎书、社斋文、社邑燃灯文、社祭文、祭社文等。

社状、牒是社邑处理投社、退社及其他事务时使用的文书。

敦煌社邑文书的时代大多在唐五代宋初，它们为研究这一时期的社邑活动提供了丰富的第一手资料。同时，社邑文书的内容还涉及中古时期的政治、军事、经济、文化等诸多领域，对了解敦煌的政治、经济乃至整个社会全貌都有重要的参考价值。

寺院文书在敦煌文书中也占有一定比例，它们包括"施舍疏""入破历""什物历"和"斋文"等，这些文书反映了唐五代宋初这一历史时期敦煌僧团生活及其与社会的联系等诸多方面。

阅读链接

在敦煌历史上，曾广泛盛行一种以"社"命名的社会组织，这种组织有着各种各样的社会活动。其特点就是依靠群众的力量和集体行动来维护成员的各种利益，使这些成员能在敦煌这块土地上得以生存和发展。

敦煌的结社活动，始自西汉昭帝元凤年间，即公元前80年到公元前75年，一直到宋、元时期都在进行。唐代从中央到州县县乡里均有春秋社祭。敦煌的结社既有官社，也盛行私社。社也被称为"社邑""邑""义社"等。社邑规模一般为十多人到百十人不等，有些社还起有专名，如"亲情社""兄弟社""女人社""都官社""修佛堂社""官品社"等。这些结社活动，反映了不同时期敦煌民众理性与自治的社会图景。

历史文献的内容及价值

敦煌历史文书涵盖的范围也十分广泛，内容涉及政治、军事、经济、民族等诸多方面。包括法制文书、官府文书、田制文书、户籍、手实文书、差科簿、赋役文书、财政文书、地理文书、军事文书，以及各种契约、公廨钱等方面的资料。

敦煌遗书中保留下来不少唐代各级官府的文书原件，这些官府原件对研究唐代各级官府文件的起草、传达与格式等有一定的意义，而且还可以从中窥见唐代中央、地方的行政运作等相关情况。

敦煌遗书保存了相当部分的有关军事方面的文书，这些军事文书涉及府兵的番上宿卫和征戍镇防，府兵的征行制度，府

莫高窟壁画

兵的马匹、马料、器仗、资装等装备情况。

此外，还有兵募制度、军事管理制度、队官设置、兵员设置等情况。这些军事文书，对于研究唐代的军事制度及其相关的问题有着非常重大的意义。

敦煌遗书中保存了大量法制方面的文卷，内容十分丰富，不仅有抄写的唐中央政府颁布的法典及律疏、令、格、式等的写卷、法律档案资料、地方官府的判决文书，而且还有大量的民间争讼文牒等。

藏经洞内发现的宗教画《引路菩萨图》

唐代法律文献完整保留下来的只有律和律疏，而令、格、式几乎没有保留下来，而敦煌遗书中保留的法制文书，几乎囊括了唐代法律的各种形式，填补了正史记载的众多空白。

敦煌遗书中保留了一批民间争讼文书，多方面地、真实地反映了当时有关调节处理家庭婚姻、土地田宅、财产继承、奴婢买卖、债务税收、户口徭役等民事纠纷的情况，极为珍贵。

敦煌遗书中的契约文书约有300余件，立契年代上起唐天宝时期，下至宋初，反映了唐宋时期社会经济活动、法律生活等诸多方面的情况。敦煌契约文书主要有以下6种类型：

一是买卖契约，包括土地、房屋、家畜、器物乃至人身买卖所立的契约。如：《未年尼明相买牛契》记载尼明相将牛卖与张抱玉，两人立契为凭；《宋淳化二年押衙韩愿定卖妮子契》记载押衙韩愿定将家中女婢出卖与朱愿松，两人立契为凭。

绢 专指采用梭织方法织造的平纹或平纹变化组织为地组织的织物。在丝绸类指采用真丝短纤维再生纺出来的纱线织的产品。在纺织品类指将纱合捻为线而织造出来的产品。后成为纺织品的统称。绢类织物为平纹组织，质地轻薄，坚韧挺括平整，一般常见的有天香绢、筛绢等。

二是互易契约，包括土地、牲畜房舍等物物相换交易所立契约。如：《唐大中六年僧张月光博地契》记载僧张月光与他人博换土地，立契为凭；《寅年报恩寺寺主博换驴牛契》记载报恩寺寺主用驴一头外加细布若干博换成允恭牛一头。

三是便贷契约，"便"即借贷之义，包括便粮、便种子、贷布、贷绢等所立契约，这类契约是敦煌契约文书中最多的一类。如：《唐麟德二年张海欢白怀洛贷银钱契》是有关张海欢、白怀洛等人借贷银钱的契约；《唐乾封三年张善熹举钱契》记载张善熹借贷左憧熹银钱，两人立契为凭。

四是雇佣契约，包括雇工、雇牲畜、雇车等所立的契约。如：《酉年索海朝租地贴》记载僧善惠租佃索海朝的土地；《唐贞观二十二年索善奴夏田契》记载夏孔进租佃索善奴的土地。

五是租佃质典契约，包括典身、典地、租地、

■敦煌艺术壁画

租油坊等所立契约。如：《壬辰年雇牛契》记载雷粉将黄牛雇与百某某；《丙午年宋虫雇驼契》记载宋虫雇同乡百姓八岁驼一头。

六是其他契约，包括遗赠扶养契约、领物凭据、欠物凭据、分书、放书等。如：《壬戌年龙勒乡百姓胡再成养男契》记载胡再成收养清尕为养子，两人立契为凭；《宋乾德二年史氾三养男契》记载史氾三收养原寿为子。

从敦煌契约文书中可见，契约条款一般包括时间、地点、双方的义务、责任等内容，立契人必须双方合意，而且必须要有保证人，可见契约水平达到了较高程度。并且契约涉及方面很广，可见当时民间已经广泛地使用这种自治调整的方式来规范普通民众的经济关系。

古代户籍制度是历代王朝管理以农民为主体居民的重要国家制度，是国家征收赋税、征发徭役的主要依据。因而，户籍制度历来受到历代政府的高度重视。

敦煌保存的籍账文书共有21件，这些籍账大致可分为手实、户籍、计账3类。这些敦煌遗书中的籍账对于研究当时的籍账、土地制度有着很大的帮助，继而可以窥见当时百姓的负担和社会经济状况。

■ 莫高窟藏经洞内
发现的宗教画《广
目天像》

敦煌文化特色与形态

租庸调 唐朝前
期实行的赋税制
度。农民生产时
间较有保证，赋
役负担相对减
轻，使许多荒地
开垦出来；政府
的赋税收入又多
了保障，府兵制
也得到巩固。这
些都使国家富强
起来。租庸调法
于780年为两税法
所代替。

敦煌遗书中还存留了不少有关土地制度
的文书，尤其是那些关于均田制方面的文
书，尤为珍贵。敦煌遗书中赋役、财政制度
方面的文书也有很多。赋役征发文书包括对
租庸调、户税、地税、杂税、资课、附加税
等的征收文书，还有官府收租的记录、纳资
代役的记录、征税记录等。

财政制度方面的文书主要是财政支出文
书，包括官吏俸禄支出、赈济支出，以及行
政支出、军事支出、馆驿支出等。

勾检制度是唐代文书的监督检查制度。
唐代为保证国家行政效率，从中央到地方都
普遍实行了文书的监督检查制度，其官员及
职掌在《唐六典》《旧唐书》《新唐书》中均
有记载。唐代勾检文书包括行政事务的勾检、财务方面
的勾检等，敦煌遗书保存的勾检文书反映了唐代勾
检情况。

仓禀制度是唐王朝财政经济体系的重要组成部
分，仓禀同财赋的敛集、储运、分配以及社会再生产
的保障等有着紧密的关系，因此受到唐政府的重视。
敦煌仓禀文书再现了唐代正仓、军仓、常平仓、义仓
等仓禀的受纳、出给、运行、管理等方面状况及其细
节，这些记载大大弥补了正史记载的不足。

敦煌遗书中还保存有大量的地理方面的文献，包
括全国性的地志文书、地方性的地志文书和游记。全
国性的地志文书有《贞元十道录》《诸道山河地名要

略》和《失名地志》等。地方性地志文书有《沙州图经》《沙州都督府图经》《沙州都督府图经卷第三》《敦煌录》《西州图经》等。这些地方性地志文书记载的内容十分丰富，特别是图经所记载的各方面内容达40多项，包括州郡的自然面貌、人文景观、风土人情等诸多方面。

敦煌遗书中保存的游记有《慧超往五天竺国传》《西天路竟》《大唐西域记》《五台山记》《往五台山行记》《诸山圣迹游记》等。这些游记记载了所经历地区和城市的疆域、道路、里程、寺观、物产、服饰等情况，对研究古代历史地理和社会风俗具有重要价值。

此外，敦煌地理文书中还有姓氏地理文书，该类地理文书主要有5件，它们是：《新集天下姓望氏族谱一卷并序》《姓氏录》《新集天下姓望氏族谱》《氏族志》和《姓氏书》。唐五代姓氏书留传下来的很少，而敦煌姓氏地理书却保存了姓氏源流以及当时姓望的地理分布等方面状况，价值极大。

阅读链接

唐代法律文书是由律、令、格、式4个部分组成的，律是规定罪名和刑罚的；令是关于官制、礼制、田制、兵制等制度和规章的条文；格是皇帝发布的制、敕的汇编；式是有关各级官府施政的各种章程细则，此外，还有律疏，是对律的解释，和律具有一样的法律效力。

以上这些法律文书，只有唐律和律疏完整保存至今，令、格、式都在宋以后散失了，而今敦煌遗书保存的唐代法律文书在一定程度上填补了这些空白，具有十分重要的价值。

科技文献的内容及价值

　　敦煌遗书中的科技文献十分丰富，包括医药、天文历法、算书、酿造、农业、水利、饲养、保健、工艺等，这些文献资料丰富了古代科学典籍，对于我国古代科技的研究十分有价值。

　　敦煌遗书中保存的医药典籍有70多种，包括医经诊法、医药医

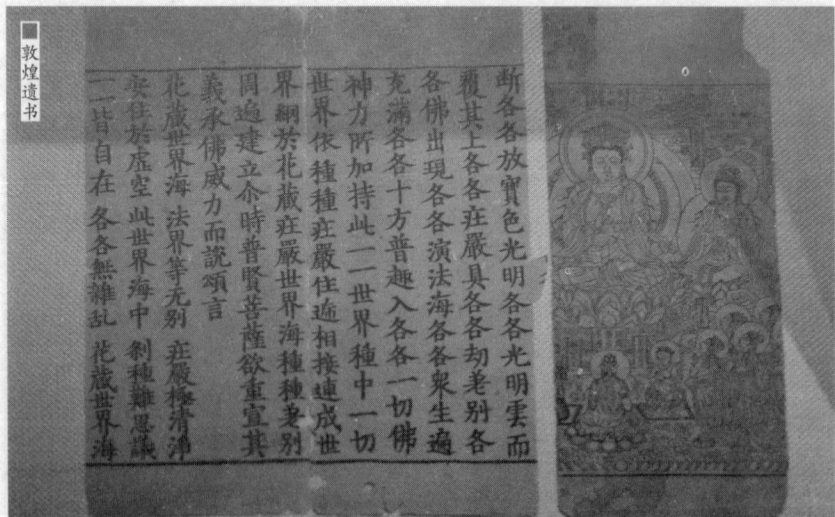

方、针灸药物等方面的典籍。

医经诊法有《针经》《素问·三部九候论》
《伤寒杂病论》《王叔和脉经》《张仲景五
脏论》《明堂五脏论》等。

医术医方有《杂疗病药方》《唐人选
方》《单药方》《备急单验药方》等。

针灸药物典籍有《灸法图》《新集
备急灸经》《灸经明堂》《本草经集注》
《食疗本草》等。

此外，敦煌遗书中还保存了一些古代养生方面的
文献，一些佛教、道教典籍中也包含了部分与医学有
关的内容。

■ 藏经洞内发现的
唐代宝塔双鹿剪纸

文献瑰宝

敦煌遗书

敦煌医药文献中保存了很多未见于著录的古医籍
和古医方。其中敦煌遗书中还有100多古医方，多为
中古时期医家通过验证的医方。

这些医方治疗疾病的范围包括内科、外科、妇
科、儿科、五官科和美容等方面。投药的剂型有汤
剂、丸剂、散剂、膏剂以及药酒方、灌汤法、磁疗方
等。这些医方长期在民间流行，是百姓治疗常见病、
流行病的最便捷、最有效、最实用的医方，因此，具
有重要的资料和参考价值。

此外，还另有针灸残卷6卷，包括《新集备急灸
经》和针灸图等。针灸残卷为写本，有小序说明编写
目的。正文中画有正面人形穴位图的上半身，用引线
表明穴名、部位、主治和灸法，共17个穴位。

敦煌遗书中保存的天文文献有《二十八宿次位经

针灸 以针刺艾
灸防治疾病的方
法。针法是用金
属制成的针刺入
人体一定的穴
位，运用手法，
以调整营卫气
血；灸法是用艾
绒搓成艾条或艾
炷，点燃以温灼
穴位的皮肤表
面，达到温通经
脉、调和气血的
目的。

和三家星经》《玄象诗》《全天星图》和《紫微垣星图》等。

我国古代对星宿的观测和记录起源很早，战国时期已有甘德、石申和巫咸《三家星经》。敦煌遗书中保存了《三家星经》，该件用红、黑、黄3种颜色分别记录了甘德、石申和巫咸三家观测记录的283组星官1464颗星，十分珍贵。

敦煌《全天星图》和《紫微垣星图》是用图像来描绘当时人所认识的星官。《全天星图》绘于唐代，是当时北半球所能看到的，且被古代天文学家著录过的全天星象。全图绘有1300多颗恒星，包括人类肉眼很难观察到的微弱星星。在每月星图之间，还附有文字，说明太阳在12次起点和终点的度数。是研究古代天文学史的珍贵资料。

敦煌遗书中保存的历法文献共有50多件，其时代最早为《北魏太平真君十一年、十二年历日》，最晚者为《宋淳化四年癸巳岁具注历日》。

这些历日有的是来自中原王朝或外地的历日，如《北魏太平真君十一年、十二年历日》和《唐大和八年甲寅岁具注历日》《唐乾符四年

丁酉岁具注历日》都是来自中原的历日，而《唐中和二年剑南西川成都府樊赏家印本历日》则是由成都流入敦煌的历日。其他都是敦煌地区自编的历日，这类历日是敦煌历法文献的主体部分。

这些丰富的敦煌历法文献为了解古代历日的具体情况提供了宝贵的资料，在很大程度上弥补了我国中古时期历日文献资料的不足。

敦煌遗书中保存的算书有《算书》《立成算经》和《算经》等。

《算书》成书于北朝，是纸质算学典籍。《算经》的内容大多来自成书于南北朝时期的《孙子算经》。内容包括序文、识位法、九九表、大数记法、度量衡制、九九自相乘数以及总题为"均田法第一"的十道关于土地面积计算的应用题。

《立成算经》是唐以后天文学家推算各种数据

137

■ 敦煌艺术壁画

所用算表的通称。《立成算经》的内容有识位法、度量衡制、金属比重、大数记法、九九歌和九九累加表。在《立成算经》里，大数计法自10万以上皆以十进位。《立成算经》还保存了数码计数，即在九九歌和九九累加表的各步计算后又以数码另书于数字之下。

《立成算经》的这套数码是随着用算筹计算产生的，这些数码完全采用十进位置值制，是当时最简便的计算工具和最先进的计数制度，这套数码上承汉魏，下接宋代，对了解我国古代数码的发展具有重要意义。

敦煌《算经》作为教学用书，在内容上注重少而精和学以致用的原则，选题精当，适用性强，能够解决日常工作、生产及行政管理等方面的许多计算问题。

在教法上多从实例引入，既形象直观，联系实际，又易懂易记，充分反映了我国数学教育的优良传统。实际上，敦煌的科技文献，远不止这些，还有许多较为零散的材料。这些零散的材料同那些相对完整的文献材料一样，大多具有重要的研究价值。

阅读链接

在古代，历日颁行的区域向来是中原王朝行使管理权的重要象征。"安史之乱"以后，中原动荡不宁，在青藏高原的吐蕃乘虚而入，逐步占领了包括敦煌在内的西北广大地区。

自786年吐蕃管辖敦煌地区以后，敦煌地区开始行用自编历日。归义军时期，敦煌地区仍保持了行用自编历日的传统。这些情况在敦煌遗书历法文献中得到了印证。这些文献，对于研究古代天文历法的发展历史及其成就具有重要的史料价值。

绚丽且独特的敦煌文学

　　敦煌文献中蕴藏着十分丰富的文学资料，它们在思想内容上丰富多彩而又独具特色，反映了千余年间特别是唐五代宋初时期敦煌及其周边地区生活的方方面面，也反映了国内其他地区乃至国外某些民族和地区生活的一些断面。

　　敦煌文学突出的特点是以俗为主，以朴见长，具备平实质朴的大

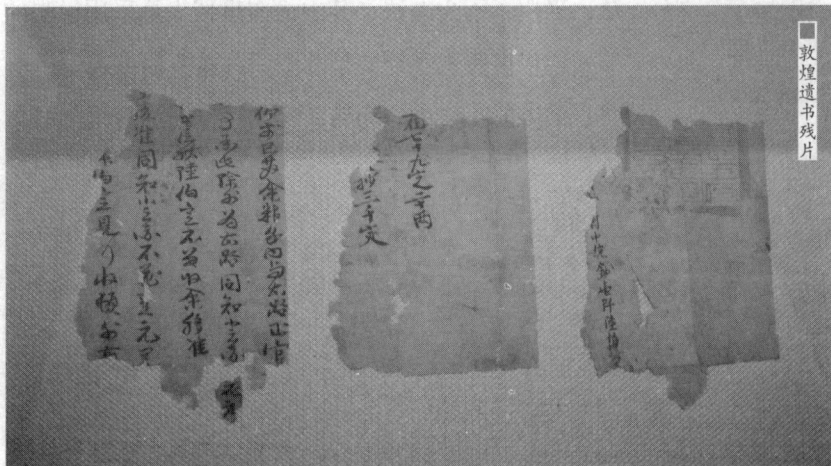

■敦煌遗书残片

众文学特色，其鲜活饱满的人物形象，通俗质俚的语言，活泼多样的大众化体式，丰富多彩的艺术表现手法，令其绚丽多姿且又独树一帜。

敦煌文学作品的数量很大，大体可以归为六个大类：说唱类、曲辞类、诗赋类、小说类、散体文类和杂著类。

说唱类为唐宋时期说唱艺术的文学底本。我国讲唱文学源远流长，唐宋时期十分兴盛。可归入此类的文学作品有讲经文、变文、因缘、话本、词文、诗话和故事赋等。

这类作品的共同特点是适合说唱，或重在讲说，或重于唱吟，或说唱并重，表现在书面上则是或以散文为主，或多用韵文，或散韵结合，有的还保留有所用唱调的痕迹。其语言通俗易懂，有些甚至纯用口语，适合普通民众视听。

讲经文是唐宋时期寺院中俗讲僧进行俗讲时使用的底本。佛教传入我国后，为了宣传教义、争取信众，采用了不少办法，其中面向世俗大众采用说唱的形式通俗讲解佛经经文是其中一种重要的方式。

俗讲的主要内容为佛教经文，同时大量增加故事

性、世俗性成分，形式上注重通俗化，以达到吸引听众、增强宣传效果的目的，施行以后，受到民众的普遍欢迎。

敦煌讲经文的一般结构为：开篇多为"说押座"，"押"可通"压"，所谓押座，是一种开场前安定听众，使其专心听讲的方式，此段文字即称为押座文。

接着唱出所讲佛经的题目，并对经名逐字逐句加以诠释。然后再讲诵出一段经文，又对其阐释解说，如此递相往复，将经文一段一段讲完。

解经时允许听众就疑难之处发问，法师据其诘问给以解答。俗讲结束时，一般有一段"解座文"，以敦劝和吸引听众下次继续前来听讲。

为了适应听众的大众水平，阐释经文非常注重内容的大众化、通俗化和趣味性，运用讲故事、寓言、比喻、对话等手法，把抽象的教义蕴含在故事情节或具体事物的描绘中，使其易解易明、亲切生动、引人入胜。

在表现形式上有说有唱，散韵结合，讲的部分用散文，唱的部分用韵文，说说唱唱，注重文

俗讲 唐代流行的一种寺院讲经形式。多以佛经故事等敷衍为通俗浅显的变文，用说唱形式宣传一般经义。其主讲者称为"俗讲僧"。由于俗讲的宗教色彩逐渐淡薄，不限于讲说佛经，而较多地接近现实社会，为人们所喜闻乐见。俗讲流行区域极广，存在时间久长，但在北宋时，由于政治原因遭受禁止，至南宋已名存实亡。

141

文献瑰宝

敦煌遗书

■甘肃敦煌莫高窟藏经洞内发现的地藏十王图

莫高窟藏经洞内发现的刺绣袋

辞的音乐美。有些唱词上还注有"平""断""侧""吟""韵""吟断""平侧""侧吟"等大约是表示声腔的说明性文字，可见讲经时应有多种咏唱调子，唱腔富于变化。

变文，又可称作"变"，为唐五代民间说唱技艺"转变"的底本。转变，即说唱变文。变文直接演述故事。其内容大体可分两类，一类是佛教、道教和其他一些神话题材，另一类是历史和现实生活题材。前者具有丰富的想象力，极尽夸张渲染，作者的思想驰骋于虚无缥缈、瑰丽奇异的玄怪世界中。

后者以历史事实为框架和依托，广泛吸收有关民间传说，在此基础上进行加工渲染和再创造，从而形象地再现特定时期的历史风貌。

敦煌变文主要有：《舜子变一卷》《八相成道变》《降魔变》《破魔变》《目连变文》《伍子胥变文》《王昭君变文》等。

因缘，或称作缘起、缘，是一种演绎佛教因缘故事而又不解读经文的说唱艺术，即说因缘的底本。因缘在表现手法上亦是边讲边唱，散韵并行。敦煌因缘作品主要有：《悉达太子修道因缘》《难陀出家缘起》《欢喜国王因缘》《丑女缘起》《佛图澄和尚因缘》等。

诗话也是唐宋时期一种说唱技艺的底本。它仍为说唱结合、散韵相间，但以唱为主。敦煌诗话类作品有：《季布诗咏》《孟姜女故事》《苏武李陵执别词》等。数量不多，但题材各异，风格独特，文辞优美。

词文是唐代一种以通俗韵文叙事的说唱技艺的底本。除个别的在篇首有简略的散说提示语，其余通篇皆为白话韵文，用以唱故事，而非说故事；唱词多为七言体，偶有五言或六言句，偶句必韵，韵律较宽。

敦煌词文作品主要有：《大汉三年季布骂阵词文一卷》《董永词文》《悉达太子修道因缘词》《下女夫词》等。

■ 甘肃敦煌莫高窟藏经洞内发现的弥勒佛像

故事赋又称作俗赋，为一种以通俗韵文形式演唱故事的赋体作。敦煌遗书中有故事赋5篇，分别为：《晏子赋一首》《韩朋赋》《燕子赋》甲乙本和《丑女赋》。

敦煌故事赋以口语叙事为主，行文畅顺，自由押韵，具有说唱的特点。同时作品情节曲折，跌宕起伏，并多以拟人、比喻等手法表达深刻的社会主题，具有寓言故事的某些特点。曲辞类为配合音乐、合乐歌唱的一类作品，包括曲子词、俚曲小调、佛曲等。

寓言 一种文学体裁，常常有讽刺或劝诫的性质，用假托的故事或拟人手法说明某个道理或教训。寓言以比喻性的故事寓意蕴味深长的道理，给人以启示。寓言早在我国春秋战国时代就已经盛行，如：《自相矛盾》《守株待兔》《刻舟求剑》《画蛇添足》等。

有的还可配合舞蹈演出，故又称之为乐舞文学。

这类作品的主要特点是以声定文、由乐定辞，多为长短句形式，有一定的格式和调名。它们多为民间作品，基本上产生和兴起于唐五代时期。

敦煌曲子词，或称敦煌词，指敦煌遗书中保存的唐五代时期的燕乐曲词。燕乐是始于隋代而盛于盛唐的乐曲，主要是隋唐新声。燕乐都伴有曲词，这就是词。词与音乐密不可分，有时词与乐、舞同时表演。

佛曲本指唱经或赞叹歌咏佛经的声调，即所谓梵呗，其发声形成一定的曲调，如同歌曲。佛曲也就是专为佛赞而设的曲调，与之配合的歌词便是作为文学文体的佛曲曲词，其体式接近敦煌词。

敦煌佛曲，曲词译自梵语，用以唱经劝世。有的不再采用原有曲词，而借用燕乐或民歌曲调以唱经劝世。敦煌佛曲包括《悉昙颂》《好住娘》《散华乐》《归去来》等。

俚曲小调历史悠久，群众基础广泛，易于在民间流行。它一般按时序歌唱，以表达一个完整的内容

赋 一种介于诗歌和散文之间的文体。赋不能歌唱，只能朗诵。它外形似散文，内部又有诗的韵律。赋在表现手法上铺张直陈，描绘细腻，文采华丽。它多以设辞问答的形式展开。在句式上，韵散相间，排比对偶。赋不拘字数，以四言、六言为主，并且多夹杂散文句式。

骚体 我国古典文学体裁的一种，起于战国时楚国，以大诗人屈原所作《离骚》为代表，并因此而得名。这类作品富于抒情成分和浪漫气息，篇幅较长，形式自由，多用"兮"字以助语势。

和思想。俚曲小调语言通俗易懂，抒情率直真诚，情感质朴深切。在表现形式上以"套"出现，以时序组织篇章，虽篇幅一般较长，容量较大，但易于记诵传唱，乐于为民众接受。

敦煌俚曲小调不同于佛曲，其中有的是唱诵佛教内容的，有的则是歌咏世俗生活的。

诗赋类是以诗和文赋为体裁创作出来的一类作品，包括骚体、古体、近体、歌行体诗和文赋。文赋不同于主要用于讲故事的俗赋，而是重在述志、抒情、状物。此类作品历史久远，数量巨大，内容丰富。

敦煌文书中保存的诗歌作品很多，有诗歌写本约400卷，诗歌超过3000首。诗作范围广泛，形式多样，风格各异。

敦煌词有60余调，基本上是民间词。敦煌词具有作者面广、取材多样等特点。它保存了词的早期形态，其字数、句式、韵律上显得较为自由灵活。

敦煌词多角度、多层次地反映了社会中下层人物

燕乐 又称宴乐。我国隋唐至宋代宫廷宴饮时供娱乐欣赏的艺术性很强的歌舞音乐。燕乐中包括多种音乐形式，如声乐、器乐、舞蹈、百戏等。其中歌舞音乐在隋唐燕乐中占有最重要的地位。多段的大型歌舞曲叫作大曲，在唐代燕乐中具有突出的艺术成就。燕乐所使用的主要乐器有琵琶、箜篌、筚篥、笙、笛、羯鼓、方响等。

文献瑰宝

敦煌遗书

■甘肃敦煌莫高窟藏经洞内发现的唐代垂幕

敦煌文化特色与形态

■ 莫高窟藏经洞内发现的《香炉狮子凤凰图》

歌行体 "歌行"是我国古代诗歌的一种体裁，是初唐时期在汉魏六朝乐府诗的基础上建立起来的。"歌行体"为南朝宋鲍照模拟和学习乐府，经过充分的消化吸收和熔铸创造，不仅得其风神气骨，自创格调，而且发展了七言诗，创造了以七言诗为主的歌行体。

的心声和愿望，其思想感情真挚，抒情表意直率坦诚，风格质朴，语言淳朴自然，活泼生动。

敦煌文学中的小说类是和魏晋南北朝时期的志人、志怪小说以及唐人传奇小说相类似的作品，包括佛教感应记、灵验记、入冥记、非感应故事小说等。它们的共同特点是篇幅较短小，以散文叙述为主，大量使用民间口语，通俗易懂。

敦煌散体文类作品，或称敦煌文，是指具有文学色彩的散见于敦煌遗书中的表、疏、状、启、帖、碑、铭、传、论、录等。

这些作品中不乏抒情、状物、论理、表意之作，不仅具有重要的史料价值，而且富有文采，生动地反映了敦煌及西北地区的社会生活图景和人民群众的思想情感。

杂著类指除了上面所说的5类之外的一类，包括书仪、寺庙杂著、偈、赞、歌诀等。

书仪即书牍文范，主要用来为书信类等实用性文书的写作提供一套文体规范和用语模式。敦煌书仪包含着极为丰富的社会文化生活史料，展示了丰富多彩的民间岁时文化和浓郁的民情习俗，体现了唐五代士庶阶层的行为、思想意识和道德风尚。

书仪语言结构基本上采用骈体，注重文章的辞藻华丽和音乐和谐，一些作品在抒情状物方面可以说达到了一种出神入化、水乳交融的境界。

偈是梵语"偈陀"的简称，本为佛经以及礼佛仪式中的唱颂词，有时也译作偈颂。大多偈文出现在经中或经后，单独成篇者甚少，且语言散化、抽象，又不押韵。而敦煌偈文则多数独立成篇，语言形象、押韵，文学色彩浓郁。

敦煌遗书中的偈颂约有80多件写本，它们反映了佛家生活的诸多方面，或诵咏佛祖、净土，或赞扬功

押韵 又叫压韵，是指在诗词歌赋的创作中，在某些句子的最后一个字，都使用韵母相同或相近的字，使朗诵或咏唱时，产生铿锵和谐感。这些使用了同一韵母字的地方，称为韵脚。任何诗歌都要求押韵，这是诗歌同其他文学体裁的最大分别之一。

147

文献瑰宝 敦煌遗书

■ 甘肃敦煌莫高窟藏经洞内发现的唐代垂幕

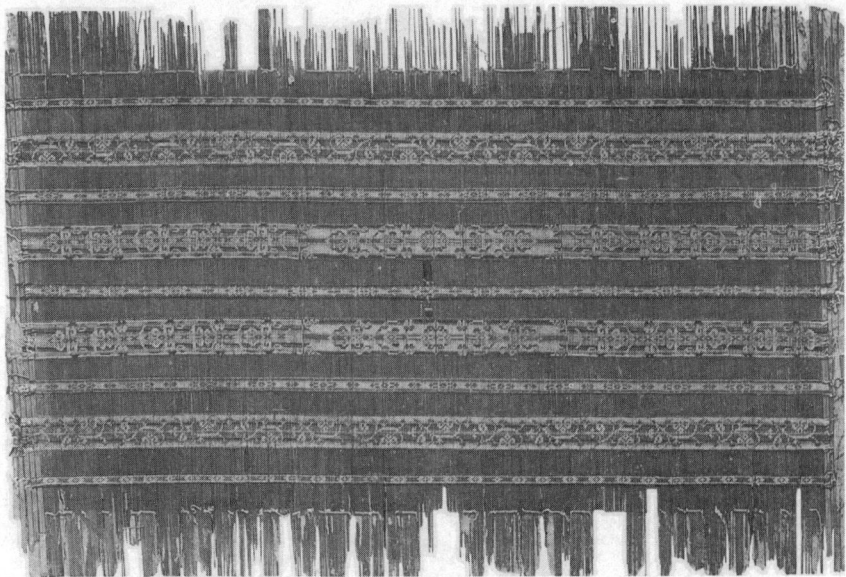

德修行，或唱颂出家修道和佛事活动。

"赞"是以颂扬人物为主的一种文体，在我国源远流长，秦汉之后历代有之。敦煌赞体是由赞佛兴起的，是佛教传入后随着高僧译经的盛行和礼佛的普遍化而出现和发展起来的。

起初赞只限于礼佛范围，后来佛门佛子也自撰了不少赞文。赞的内容也不完全限于佛门，出现了孝道赞、父母恩重赞、景物赞、景教赞等，不过大量的仍是佛赞。

敦煌赞文内容丰富，或赞佛祖，赞净土和佛典，赞佛门三宝，或赞佛子出家修行，赞佛教道场，赞佛教名胜等。

佛事应用文应用于具体的佛事活动中，数量繁多，宗教实用性很强。从内容上看主要有发愿文、还愿文、祈愿文、启请文、礼佛文、礼忏文、礼赞文、戒忏文等。

这些应用文既有散体，也有韵体，大多语言洗练，文笔庄重，带有神秘色彩，并注意运用多种修辞方式和表现手法，论说表意酣畅淋漓，十分到位。

阅读链接

敦煌文学在我国文学史上占有不可忽视的地位，具有重要的研究价值。变文在敦煌文学作品中受学术界关注最多，整理本也最多。在敦煌文学中，变文和讲经文类似，但二者的区别体现在以下3个方面：

一是变文的题材更加广泛，不仅讲唱佛经故事，也说唱伍子胥、王昭君等传统民间故事、当代英雄人物。二是变文更加注重故事性和文学性，即使讲唱佛教题材的变文，也摆脱了讲经文中所包括的佛经的部分，加重了对场景的渲染、人物的"对白""吟唱"部分。三是讲唱变文时除说唱外，有时还配合展示图像。这种既有道白，又有吟唱，并附以随时展示图像的表演方式，与后来说唱曲艺中的"拉洋片"类似。

文献的独特内容与价值

　　敦煌遗书中保存有相当一部分语言学方面的资料，不仅有关于汉语音韵、训诂、文字的写卷，也有大量可供研究中古以及后来汉语的语料，还有不少少数民族语言文献。

　　韵书是把汉字按照字音分韵编排的一种书。这种书主要是为分辨、规定文字的正确读音而作，属于音韵学材料的范围。同时它有字

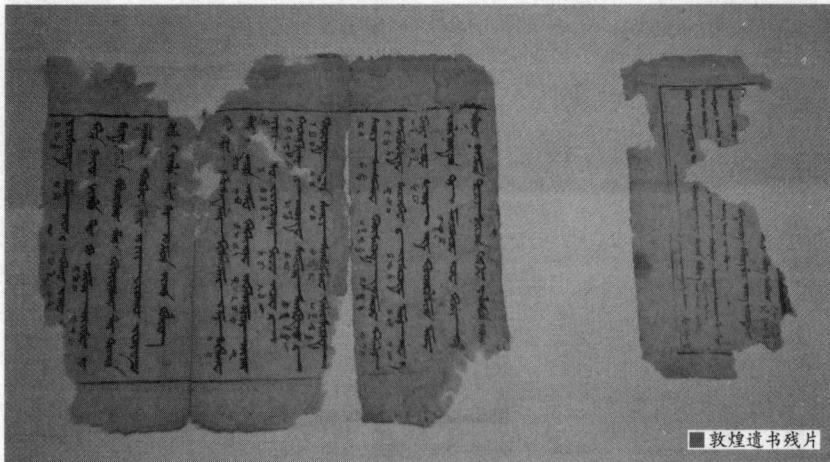

■敦煌遗书残片

■ 敦煌莫高窟藏经洞内发现的对麃对鸟纹锦

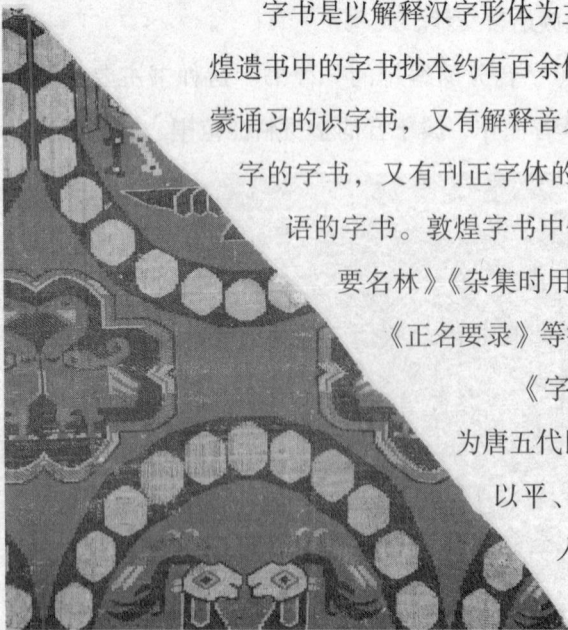

义的解释和字体的记载,也能起辞书、字典的作用。

敦煌韵书是指敦煌文书中按照字音分韵编排汉字的写卷,共有20多种,多为唐五代《切韵》系统的写本,少数为刻本。韵书中有隋朝音韵学家陆法言撰写的《切韵》传写本6种。该书所存主要是平声、上声韵,分为193韵,收字较少,训释简约,常用字大多不释。另有一种韵书以《切韵》为底本,在收字和训释方面有所增加,原注之外多半还加上按语,除平、上声外还有入声。又有一种增训加字本《切韵》,其分韵和韵次虽然与《切韵》相同,但在收字和训释方面增加内容较多,取材较广。

除《切韵》外,敦煌韵书还有《刊谬补缺切韵》《唐韵》及五代刻本《切韵》。这些韵书,对于研究切韵的原貌和中古音系非常有帮助。

字书是以解释汉字形体为主,兼及音义的书。敦煌遗书中的字书抄本约有百余件,种类多样,既有童蒙诵习的识字书,又有解释音义的字典;既有要用杂字的字书,又有刊正字体的字样书,还有解说俗语的字书。敦煌字书中包含有《字宝》《俗物要名林》《杂集时用要字》《一切经音义》《正名要录》等字书。

《字宝》又称《碎金》,为唐五代民间流行的通俗字书,以平、上、去、入四声编排入字,每声收字词百余条,所录多为民间口

语、俗语，以及僻字、俗字词汇，下注以反切或直音，而少有义释。

《俗物要名林》是敦煌遗书中收录民间口语词汇最多的专著，它是依据事物名称分类编纂的一种通俗字书。"俗物"是指世俗间的诸种事物，"要名"指重要常用事物的名称与文字。这本字书对研究唐五代社会生活、习俗和考察当时西北地区放音十分有用。

《杂集时用要字》收录当时人们日常生活中经常使用的词语，分为衣服部、音乐部、农器部、车部、饮食部、舍屋部等。

《一切经音义》是唐初的一部字书，是释玄应撰，为佛经音义书，分经解释词语音义，详注反切。《正名要录》是初唐时期的一种字样书，专门用以辨别形体相近字、别体俗书字，指明正字。

敦煌遗书中还有不少少数民族语言文献，包括吐蕃文、回鹘文、粟特文、于阗文、突厥文、梵文、叙利亚文、希腊文等民族语言文字。其中以吐蕃文文献最多。

敦煌遗书中的吐蕃文大多写于

文献瑰宝

敦煌遗书

吐蕃统治时期，也就是786年到848年，同时，敦煌还有一部分用吐蕃文拼写的汉文文献，以及《汉蕃对译字书》《汉蕃对译佛学字书》等，真实地反映了汉藏语的历史语音情况。

回鹘文是9世纪回鹘民族西迁后至14世纪左右使用的主要文字。敦煌回鹘文内容包括各种经文、笔记、文学作品以及从甘州回鹘带到敦煌的公私文件、信件等，具有重要史料和学术价值。

于阗语是新疆和田地区古代民族使用的语言，敦煌的于阗语文献内容主要有佛经经典、文学作品、医药文书、双语词表等，这些文献对于了解于阗历史、语言文化以及于阗与敦煌的交往和民族关系有着十分重要的帮助。

粟特语为古代中亚粟特地区民族使用的语言。敦煌粟特语文献大多为粟特人来到敦煌后留下的文字材料，内容有佛经、信札、账单、诗歌、占卜书以及医药书等。

阅读链接

敦煌地区的佛教在唐代前期已经十分兴盛，在僧侣组织、寺院体制、译经写经、开窟造像、布施供养等方面，均已经奠定了良好的基础。等吐蕃控制了敦煌地区之后，为了巩固统治，稳定敦煌的局势，吐蕃执政者也十分注意利用佛教为其管理服务。

在吐蕃治理敦煌的60多年中，吐蕃执政者始终采取大力扶植佛教的措施，僧侣的身份大为提高，一些高级僧侣甚至可以直接参与政事。这一时期，汉地禅宗等宗教派别通过敦煌等地向吐蕃本部传播，一些汉文儒学典籍和历史、文学、宗教等方面的著作也被译成吐蕃文，被吐蕃文化所吸收，因而，敦煌成为吐蕃佛教文化的重要来源之一。